눈을 맞추자 인생이 달라졌다

눈을 맞추자 인생이 달라졌다

**일, 관계, 삶을 바꾸는 간단하지만 놀라운
소통의 기술**

브라이언 그레이저 지음
박선령 옮김

ORNADO
토 네 이 도

일러두기

1. 이 책에 등장하는 주요 인명, 지명, 기관명, 상표명 등은 국립국어원 외래어표기법을 따르되 일부는 관례에 따라 소리 나는 대로 표기했다. 원문은 실존하는 인명과 기관명의 경우에만 본문 내 최초 등장에 한해 병기했다.
2. 단행본은 《 》로 표기했으며 논문, 언론매체, 영화, 연극, 드라마 등은 〈 〉로 표기했다. 국내에 정식으로 소개되지 않은 작품에 한해 원제를 병기했다.
3. 본문 중 옮긴이의 설명은 '-옮긴이'로 표시했다.

말로는 전할 수 없는 언어가 있다.
말없이 그 언어를 해독할 수 있다면
세상 전체를 해독할 수 있을 것이다.

_ 파울로 코엘료Paulo Coelho

이 책에 쏟아진 찬사

이 책은 인간관계가 성공의 기본 요소라는 것을 상기시켜준다. 디지털 시대에 꼭 읽어야 할 책이다.

_밥 아이거Bob Iger, 월트 디즈니Walt Disney 회장

이 책을 읽으면 브라이언 그레이저가 마술을 부리는 모습을 지켜보는 기분이 든다. 정말 재미있다. 할리우드 최고의 프로듀서가 될 수 있는 방법이 여기 전부 담겨 있다.

_말콤 글래드웰Malcolm Gladwell, 《아웃라이어》 저자

그레이저를 거의 30년간 알고 지냈다. 그는 내가 만난 사람 중 가장 창의적이고 똑똑하다. 모든 사람에게 끝없는 호기심을 품고 있는 훌륭한 의사소통자다.

_에디 머피Eddie Murphy

그레이저는 사람들이 느끼는 감정과 그 감정의 근거를 본능적으로 이해한다. 그의 이야기와 통찰력을 통해 당신도 인간관계의 절실한 필요성을 깨닫게 될 것이다.

_지미 아이어빈Jimmy Iovine, 기업가

그레이저는 내가 아는 사람 중 가장 흥미로운 사람이다. 이 책에서 그는 자기만의 노하우로 타인과 관계를 맺는 방법을 알려준다. 어떤 누구도 이런 책을 쓰지 못할 것이다.

_앤절라 더크워스Angela Duckworth, 《그릿》 저자

이 책은 당신이 인생과 경력의 어느 지점에 있든 가진 모든 잠재력을 발휘하도록 도와줄 것이다. 모두가 읽어봐야 할 책이다.

_휘트니 울프 허드Whitney Wolfe Herd, 범블Bumble CEO

점점 디지털화돼가는 세상에서 그레이저는 진실한 인간관계를 맺기 위한 여정으로 우리를 데려간다. 이 책은 사람들의 시선을 맞추는 단순한 방법으로 인생이 바뀔 수 있다는 걸 증명한다. 이 시대의 필독서다.

_닐 블루멘탈Neil Blumenthal, 워비 파커Warby Parker CEO

그레이저는 대화술의 챔피언이다. 이 책은 세계에서 손꼽히게 흥미로운 인물들과 얽힌 이야기를 통해 처음 보는 사람의 마음을 사로잡는 비결을 알려준다.

_월터 아이작슨Walter Isaacson, 《스티브 잡스》 저자

이 책이 아주 마음에 든다. 그레이저의 이야기는 얼굴을 맞대고 교류하는 인간관계의 힘을 보여준다.

_브라이언 체스키Brian Chesky, 에어비앤비airbnb 대표

그레이저가 단 한 번의 대화로 불가능했던 일을 가능하게 만들었던 적이 수없이 많다. 이 책은 직접 만나 나누는 대화가 사업이나 인생에서 원하는 일을 이루는 데 효과적인 이유를 깊이 있게 탐구했다.

_론 하워드Ron Howard, 아카데미상 수상 감독

요즘 같은 세상에서도 인간관계는 반드시 필요하다. 이 책은 우리 모두에게 서로를 마주 보라고 이야기한다. 이 시대에 꼭 필요한 메시지를 전하는 책이다.

_앤 워치츠키Anne Wojcicki, 23앤미23andMe CEO

현실에서 타인과 만나는 것은 인터넷의 친구 맺기와는 다르다. 사람들과 직접 대면해야만 인생에 꼭 필요한 인연을 만들 수 있다. 그레이저는 인간관계의 대가다. 그가 할리우드에서 직접 경험한 이야기를 담은 이 책은 사람들과 더욱 밀접하게 소통하는 방법을 알려주는 귀중한 지침서다.

_사이먼 사이넥Simon Sinek, 《나는 왜 이 일을 하는가》 저자

갈수록 인간관계가 단절되는 요즘 시대에 이 책은 소통으로 삶을 바꾸는 방법을 보여준다. 그레이저의 이야기는 상대의 눈을 바라보는 간단한 행동이 어떻게 우리를 변화시킬 수 있는지 알려준다.

_아리아나 허핑턴Ariana Huffinigton, <허핑턴포스트> 설립자

그레이저는 능숙한 스토리텔러다. 이 책은 사랑에 빠지는 것부터 비즈니스 관계를 맺는 것까지 모든 것이 활자로 이뤄지는 요즘 시대에 사람을 직접 만나 매혹시키는 일의 가치를 알려준다. 스마트폰에서 고개를 들어 앞에 앉은 사람의 눈을 바라보자. 그게 바로 인간관계의 와이파이다.

_<월스트리트저널>

이 책은 최근 몇 년간 출간된 대인관계에 관한 책 중 손꼽히게 좋은 책이다. 저자 그레이저는 설득의 전문가다. 지금껏 할리우드에서 자신의 아이디어를 다른 사람에게 납득시키고 그것을 구매하게 만드는 일에 있어 그레이저보다 유능한 사람은 없었다. 이런 저자만의 노하우는 타인에게 자신의 생각을 전달해야 하는 모든 사람들에게 값진 교훈을 준다. 이 책을 통해 할리우드에서 가장 상징적인 프로듀서의 소통 기술을 배울 수 있을 것이다.

_<포브스>

그레이저는 〈타임〉이 선정한 세계에서 가장 영향력 있는 인물 100인 중 하나다. 그가 오스카 시상식, 백악관, 해외 프리미어 등 모든 순간에 보여준 눈 맞춤을 잊을 수 없다. 그레이저는 심리학을 공부했다가 영화와 텔레비전 분야로 전공을 바꾸고 로스쿨까지 다니는 등 커리어를 종횡무진한 인물이다. 그의 주특기는 사람의 마음을 읽는 것이다. 저자의 뛰어난 의사소통 기술은 그의 인생을 항상 예상치 못한 기로에 놓이게 만들었고 그 흥미진진한 여정을 이 책에 모두 담았다.

_<타임>

이 책은 스마트폰을 통해 모든 인간관계가 이뤄지는 요즘 세상에서 사람과 사람이 만나 눈을 맞추고 서로를 알아가는 일의 가치를 역설한다. 인간관계를 맺는 기술은 물론 그것이 어떻게 〈아메리칸 갱스터〉 같은 히트작을 만들고 인생을 혁신적으로 바꿨는지 알려준다.

_<로스앤젤레스타임스>

사람을 끌어당기는 기술

"브라이언, 내가 말할 때는 날 봐야지!"

초등학교를 졸업한 지 꽤 됐지만 젠킨스 선생님이 당시 내게 자주 했던 말이 지금도 생생하게 기억난다. 그 말을 들을 때마다 내 심장은 쿵쾅쿵쾅 뛰고 내 눈은 선생님 쪽을 제외한 사방을 배회했다.

아마 다른 사람 눈에는 선생님이 전혀 위협적으로 보이지 않았을 테지만 그때 나는 젠킨스 선생님에게 완전히 겁을 먹었다. 내가 수업에 집중하지 않는다고 여긴 선생님이 회초리로 때리는 바람에 뺨에 욱신거리는 빨간 자국이 남은 적도 있었다.

당시 내가 가장 무서워한 것은 젠킨스 선생님의 질문을 건네는 것만으로도 굴욕감을 느끼게 하는 능력이었다. 나는 늘 답을 몰랐기 때문에 매번 친구들이 보는 앞에서 그 사실을 시인해야 했다. 그러면 그들은 내 등 뒤에서 낄낄 숨죽여 웃으면서 조롱하는 농담을 소곤거렸다. 매를 맞는 것보다 더 큰 상처였다. 나는 매일 아침 학교 가는 게 두려웠다.

책상 아래 숨는 것을 제외하고 젠킨스 선생님의 지목을 피하기 위해 할 수 있는 일은 다 해봤다. 선생님이 질문을 던진 다음 답변할 사람을 찾아 교실을 죽 둘러보면 고개를 돌리거나 억지로 기침하는 척을 했다. 화장실에 다녀오겠다느니 배가 아프다느니 심지어 발가락이 부러졌다느니 온갖 핑계를 다 대보기도 했다.

그중에서도 내가 주로 선택한 회피술은 '시선 피하기'였다. 선생님이 질문하면 나는 못 들은 척 계속 천장이나 칠판이나 내 발을 쳐다봤다. 선생님을 쳐다보지 않으면 선생님도 내게서 시선을 돌릴 거라고 생각했다. 어쩌면 나를 불쌍히 여겨 다른 사람에게 질문을 넘길지 모른다고도 생각했다. 하지만 이런 시도가 항상 성공을 거둔 건 아니었다.

당시 나는 학교 생활을 따라잡기 힘들었다. 읽는 게 너무 어려웠기 때문이다. 글자를 봐도 전혀 이해가 안 됐고 책에 적힌 기호를 내가 아는 언어와 연결시킬 수 없었다. 지금 와서 생각해보면 난독증을 앓았던 것이었지만 불행히도 그때는 이런 병에 대한 인식이 보편적이지 않은 시대였다.

집안 분위기도 전혀 도움이 되지 않았다. 학교에서 간신히 하루를 버티고 집에 돌아오면 부모님이 다투고 있는 경우가 많았다. 때로는 서로에게 목청껏 소리를 질러대기도 했는데 그 주제는 대개 날 어떻게 할 건지, 1년 유급을 시켜야 하는지 등에 관한 것이었다. 하지만 부모님이 나에게 직접 그런 이야기를 하지는 않았다. 한 마디로 어린 시절 나는 거의 항상 외로움과 불안감을 느꼈다.

하지만 고등학교에 입학하면서 어느 정도 자신감을 얻고 공부에 대한 생각을 바꿀 수 있었다. 사랑하는 소냐 할머니 덕분이었다. 147센티미터의 전형적인 유대인인 할머니는 항상 나를 믿어주고 내가 잘하는 분야를 키워주려고 애썼는데, 그중 하나가 의사소통 능력이었다.

나는 항상 읽는 것보다 말하는 걸 더 잘했다. 소냐 할머니는 내 손을 잡고 "그레이저, 넌 말하는 재능을 타고났어. 한 번 시작하면 멈출 줄을 모르는구나!"라고 말했다. 그리고 "궁금한 게 있으면 항상 물어봐야 한다"고도 했다.

소냐 할머니의 메시지를 내면에 새길수록 나는 학교에서 당당해졌다. 수업 시간에 질문을 던지고 자발적으로 토론에 참여했다. 선생님을 피하기는커녕 그들과 적극적으로 인연을 맺었다. 그 결과 대화 중에 말하는 사람을 쳐다보면 내용을 이해하기 더 수월하다는 걸 깨달았다.

고등학교를 졸업하고 서던 캘리포니아 대학교에 입학했다. 판이 커진 만큼 더 잘해야 한다는 압박감이 심해졌다. 대학은 지금까지와 완전히 다른 무대였다. 졸업 후 세상에 나가 성공하기 위해 필요한 것들을 완전히 체득하려면 이전보다 훨씬 적극적이고 영리하게 행동해야만 했다.

나는 곧 원하는 것을 얻어낼 방법을 터득했다. 바로 교수들과 더 친하게 지내는 것이었다. 강의가 끝나면 교수에게 다가가 질문하고 사무실에 찾아가 배운 내용을 토론했다. 서로 얼굴을 마주 볼 수 있는 친밀한 환경에서 질문을 하다 보니 수업이 새로운 방식으로 다가오는 느낌이 들었다.

스터디 그룹도 비슷한 전략이었다. 다른 학생들과 함께 토론하며 공부했고 자연스럽게 표정이나 몸짓 언어 같은 비언어적인 단서를 읽는 데 능숙해졌다. 특히 누군가에게 관심을 집중하면 그 사람도 내 관심을 알아차리고 계속 이야기를 나누면서 자기에 관한 정보를 알려준다는 것을 깨달았다.

스터디 그룹에서 나는 친구들에게 수업에서 배운 내용과 관련 있는 개인적인 질문을 종종 던졌다. "왜 우리는 이 물리학 강의에 관심을 가지는 걸까? 이걸 실생활에 어떻게 적용할 수 있지?" 아니면 "왜 그렇게 했어?"라든가 "그게 너한테 어떤 영향을 미쳤니?"처럼 그들의 생각과 감정을 파고들었다. 옥신각신할 때도 있었지만 이런 대화가 의사소통이 일방적으로 진행되는 강의보다 훨씬 재미있었다. 나는 대화를 통해 최대한 많은 정보를 흡수하고 지성을 키우고 내 세계를 넓혔다. 그리고 놀랍게도 다른 사람들과 관계를 맺으면 맺을수록 자신감을 느끼게 됐다. 마치 초능력을 가진 듯한 기분이었다.

새로운 사람을 만날 때마다 식견이 넓어진다는 교훈을 깨닫고 나자 인생이 확실히 더 좋은 쪽으로 변하기 시작했다. 그리고 이때 익힌 '호기심 대화'라는 기술을 이용해 할리우드 유명 제작자라는 지금 위치까지 올 수 있었다. 호기심 대화란 새로운 것을 배우기 위해 낯선 이들과 나누는 대화를 뜻하는데, 이런 경험을 토대로 호기심의 힘을 알려주는 책 《큐리어스 마인드》를 출간할 수 있었다.

첫 책을 내고 나는 호기심 대화가 내 인생에서 어떻게 그렇게 효과적으로 영향을 미쳤는지 생각해봤다. 그 결과 다양한 요소 중에서도 누군가와 연결되는 능력, 즉 그들의 눈을 바라보면서 내가 진지하게 이야기를 듣고 있고 그들에게서 뭔가를 배우고 싶다는 신호를 보내는 능력 덕분이라는 걸 깨달았다. 이것은 내가 살면서 배운 가장 중요한 기술이기도 했다.

나는 인간관계의 장점과 그를 다루는 노하우를 전부 개인적 경험과 본능을 통해 익혔다. 소통이 인생을 바꾼다는 내 주장을 뒷받침하는 설득력 있는 연구도 있다. 예컨대 하버드 대학교 연구원인 로버트 월딩거Robert Waldinger 박사는 "가족, 친구, 지역사회와 밀접하게 연결된 사람은 그렇지 않은 사람들보다 더 행복하고 건강하며 오래 산다"는 것을 알아냈다. 또 다른 연구에서는 "원만한 인간관계가 뇌를 보호해 기억을 더 선명하고 오랫동안 유지시킨다"는 결론을 도출했다. 이것은 인간관계를 유지하는 것이 운동이나 좋은 식단만큼 중요하다는 걸 뜻한다.*

이처럼 인간관계는 건강, 행복, 성공에 중요한 역할을 하지만

---

* "Can Relationships Boost Longevity and Well-Being?(인간관계가 수명을 늘리고 행복감을 높일 수 있을까?)" *Harvard Health Publishing*, Harvard Medical School, 2017년 6월호, https://www.health.harvard.edu/mental-health/can-relationships-boost-longevity-and-well-being/

현대인들은 이를 점점 잊어버리는 듯하다. 요즘 우리는 우리 앞에 있는 사람을 제대로 바라보는 데 시간을 들이지 않는다. 서서히 공들여 의미 있는 관계를 가꿔나가지 않는다. 그 대신 남을 앞지르고 자신에게 주어진 일을 마무리하는 데만 관심을 둔다. 비즈니스 분야에서는 특히 더 그렇다.

기술 발달은 이런 문제를 더 악화시켰다. 식당에서 연인이 서로에게는 관심도 없이 인스타그램Instagram 피드에 몰두한 모습을 얼마나 자주 보는가? 아이들이 관심을 끌려고 경쟁하는 동안 스마트폰만 보는 부모, 회의실에서 발표하는 사람에게 주의를 기울이지 않고 이메일을 확인하기 바쁜 임원 등 갈수록 우리는 눈앞에 있는 사람에게서 한 발짝씩 멀어지고 있다. 물론 나도 스마트폰의 장점을 잘 알고 소셜 네트워크 서비스Social Network Service, SNS에 사진을 올리곤 하지만 이런 미디어를 통한 관계에서는 현실의 인간관계에서와 같은 보상을 얻을 수 없다.

우리는 온라인으로 인류 역사상 그 어느 때보다 밀접하게 연결돼 있지만 사회적으로는 소외가 심각한 문제로 대두되고 있다. 심지어 19~32세 사이의 미국인을 대상으로 한 최근 연구에서 SNS 사용량이 상위 25퍼센트에 속하는 이들은 가장 적게 사용하는 이들에 비해 외로움을 느낄 가능성이 두 배나 높은 것으로 나타났다.

물론 인터넷이나 SNS가 등장하기 전에도 인간은 외로움을 느꼈지만 현재 우리는 새로운 수준의 소외감에 도달했다. 오늘날 미국인 중 거의 절반이 외롭다고 이야기하며[*] 영국에서는 '외로움부' 장관 임명을 승인할 만큼 문제가 심각하다.[**] 요즘 사람들은 진정한 관계와 소속감, 인정에 굶주려 있다.

왜 이런 외로움을 느끼는 걸까? 상대의 눈을 바라보지 않기 때문이다. 스마트폰에 주의를 기울이고 온라인으로 소통하는 것에는 손실이 엄청나다. 다른 사람과 충분히 눈을 맞추지 않는 아기는 신경질환이나 뇌질환에 걸릴 위험이 크고, 시선을 잘 맞추지 못하는 어린이와 어른은 대체로 남들보다 심리적인 문제가 많다는 연구결과도 있다.[**] 하지만 이런 연구결과까지 동원할 필요 없이 초등학교 때 내가 선생님을 쳐다보지 않으려고 애쓰는 사이 놓친 게 얼마나 많은지 생각해보면 타인과 눈을 맞추는

- "An Epidemic of Loneliness(급속히 확산 중인 고독)", *The Week*, 2019년 1월 6일, https://theweek.com/articles/815518/epidemic-loneliness/
- •• Ceylan Yeginsu, "U.K. Appoints a Minister for Loneliness(영국, 외로움부 장관 임명)", *New York Times*, 2018년 1월 17일, https://www .nytimes .com /2018 /01 /17 / world / europe /uk-britain-loneliness .html.
- •••* Maria Russo, "The Eyes Have It(눈에 답이 있다)", *New York Times*, 2015년 3월 25일, https://www.nytimes.com/interactive/2015/03/25/books/review/25childrens.html

것이 인생에 얼마나 큰 영향을 미치는지 알 수 있다.

상대방의 눈을 바라보는 행동은 와이파이와 같다. 와이파이가 우리를 인터넷에 존재하는 무한한 정보와 연결시켜주는 것처럼 눈을 맞추면 무한한 가능성이 열린다. 단 한 번의 눈짓만으로도 누군가의 관심을 사로잡고 관계를 시작하고 매력에 불을 붙이고 진정한 인연을 만들 수 있다.

상대와 눈을 맞추면 적극적인 청자가 될 수 있을 뿐만 아니라 자기 인식 수준도 높아진다. 그러면 내면에 힘이 생기고 그 자신감이 다시 사람들을 끌어당긴다. 눈을 맞추자. 주변을 두리번거리는 사람에게 마음을 열고 싶어 하는 사람은 없다. 스마트폰을 쳐다보는 사람에게 속마음을 털어놓고 싶어 하는 사람도 없다.

진심을 담은 눈빛은 집중하고 있다는 신호다. 이는 내가 상대를 중요하게 여기고 있다는 것을 보여준다. 눈 맞춤은 호기심, 신뢰, 친밀감, 공감, 취약성 등 의미 있는 관계에 꼭 필요한 모든 요소를 손에 넣기 위한 시발점이다. 누군가의 눈을 진지하게 들여다보는 것은 곧 내가 그를 보고 있고 그의 인간적인 부분을 인정한다는 것을 의미한다. 나아가 눈 맞춤은 상대방도 우리를 알아가고 싶게 만들어준다.

내 주장이 개인적인 관계에만 효과가 있는 것처럼 들릴지도 모르지만 내 경험에 따르면 눈을 맞추는 것은 모든 상황에서 효과를 발휘한다. 누군가의 눈을 바라보는 사소한 행동은 새로운 직장을 얻고 동료들의 신뢰를 받고 진행 중인 프로젝트를 승인받을 때 결정적으로 작용할 수 있으며 경력 전체를 좌우할 수도 있다. 차분하게 눈을 들여다보는 사람에게서는 진심을 느낄 수 있고 눈 맞춤은 그를 기억하게 만든다.

이처럼 끝없이 바쁘고 산만하게 움직이는 이 혼란스러운 세계에서 시선 맞추기는 최고의 차별화 요소다. 간단한 실험을 하나 해보면 내 말이 무슨 뜻인지 이해할 것이다. 하루 동안 회의나 식사, 대화를 할 때 스마트폰을 눈에 보이지 않는 곳에 둬보자. 그리고 자기가 교류하는 모든 사람의 눈을 들여다보자. 상대도 아마 똑같이 보답할 것이다.

누군가의 눈을 똑바로 바라보는 일은 돈도 들지 않고 특별한 장비도 필요 없다. 약간의 목적의식과 용기, 실행력만 있으면 누구나 할 수 있다. 그렇다고 이게 마냥 쉽지는 않다. 나는 20대가 한참 지나서야 겨우 사람들의 눈을 쳐다보면서 편안하고 차분한 기분을 느낄 수 있었다. 하지만 어색함을 이겨내고 실행에 도달하면 인생의 모든 것이 바뀐다.

우리는 누구나 다른 사람들과 깊이 있고 진실한 관계를 맺고 싶어 한다. 나는 아주 사소한 신호조차 새로운 인연을 맺는 초대장으로 여기며 이 책에는 그렇게 시작한 인간관계가 내 삶을 어떻게 변화시켰는지에 대한 이야기가 가득하다.

 이 책의 모든 이야기에는 한 가지 공통점이 있다. 내가 어디에 있든 그리고 누구와 함께 있든 모든 인연이 스마트폰이 아닌 직접적인 상호작용과 눈 맞춤으로 인해 맺어졌다는 것이다. 이 책을 읽을 당신도 이제부터 고개를 들고 상대방의 눈을 진심으로 바라볼 수 있게 되길 바란다. 다른 사람과 눈을 마주 보겠다는 간단한 결정으로 인생이 아주 놀라운 방향으로 변하기 시작하는 순간을 경험할 것이다.

브라이언 그레이저

PART 2 마음을 흔드는 대화의 기술

PART 3 인생을 바꾸는 인간관계의 힘

눈에서 상대의
말문이 트인다

CHAPTER 1

진정한 관계는
눈에서 시작된다

"

눈은 가슴으로 통하는 문이자
사랑이 깃든 곳이다.

"

_ 오드리 헵번Audrey Hepburn

7년 전, 몇 달 동안 맺어온 관계를 끝내고 나는 한동안 여자친구를 사귀지 말아야겠다고 생각했다. 잘 맞지 않는 사람과 만나다가 이별을 겪으며 힘들어하는 내 모습을 본 바바라가 함께 저녁식사를 하자고 제안했다. 알고 지낸 지 10년이 넘는 이웃사촌 바바라는 모든 일에 맹렬하게 달려드는 자신감 넘치고 아름다운 이탈리아 여성이다.

우리는 산타 모니카에 있는 카포라는 식당으로 향했다. 근사한 바롤로 와인을 한 병 곁들여 메인 요리를 막 다 먹었을 무렵 믿을 수 없을 정도로 매력적인 여성이 빨간 드레스를 입고 식당에 들어왔다. 그가 실내를 둘러보려고 고개를 돌리자 물결치는 금발이 어깨에 부딪쳤고 이국적인 분위기와 빛나는 생명력을 뿜었다. 눈을 뗄 수가 없었다.

"안녕, 베로니카!"

바바라가 그 여성을 부르며 자리에서 일어났다. 환하게 웃는 베로니카의 눈이 반짝반짝 빛났다. 바바라는 나를 그에게 소개했고 자리에서 일어나 악수를 나눴다. 우리의 눈이 잠깐 마주쳤다. 나는 곧바로 베로니카에게 마음이 끌리는 걸 느꼈다. 뜻하지 않은 온기가 온몸을 훑고 지나갔다.

"우리와 와인 한잔 하시겠습니까?"

나는 승낙을 바라며 물었다. 하지만 베로니카는 눈을 깜박거리더니 우리의 저녁 식사를 방해하고 싶지 않다며 정중히 거절했다.

"열쇠를 가져가려고 들른 것뿐이에요. 어제 바바라 지갑에 제 열쇠를 넣어두고 깜빡 잊어버렸거든요."

"우리는 방금 저녁을 다 먹은 참입니다. 방해라니 당치도 않아요. 앉으시죠!"

베로니카는 내 옆의 빈자리에 앉았다. 우리는 함께 이야기를 나누기 시작했다. 마침 크리스마스 몇 주 전이어서 휴가 계획에 관해 대화를 나눴다. 분위기는 편안하고 재미있게 흘러갔고 베로니카가 내 농담을 듣고 웃기 시작하자 끌리는 마음이 점점 커졌다. 알게 된 지 겨우 5분밖에 안 됐지만 그를 제외한 모든 것이 시야에서 사라지는 기분이었다. 지금껏 누구에게도 이런 느낌을 받은 적이 없었다.

우리는 대화 내내 서로의 눈을 바라봤다. 나는 베로니카에게 당신에 대해 더 많이 알고 싶다는 눈빛을 보냈다. 그런 나를 쳐다보는 베로니카의 눈에도 나를 탐구하고 싶다는 마음이 가득했다. 우리는 눈을 통해 서로에 대한 호기심을 내비쳤고 상대를 알아가고 싶다는 마음이 사소한 대화를 더욱 즐겁게 만들었다. 그때 만약 내가 베로니카의 눈을 바라보지 않았더라면 영영 이런 즐거움은 느낄 수 없었을지도 모른다.

식사가 끝나고 우리는 식당 주차장에서 서로를 마주 봤다. 베로니카의 눈은 행복으로 빛나고 있었다. 나는 그의 전화번호를 물어봤고 바로 다음 날 아침에 당장 전화를 걸었다. 그 이후 우리는 늘 함께하고 있다.

눈을 맞추면 관계가 열린다

내가 대화 중 시선 맞추기를 의식적으로 연습한 것은 아니다. 심지어 처음에는 그렇게 하고 있다는 걸 알아차리지도 못했다. 그래야겠다는 생각조차 떠오르지 않았다. 어느 날 론 하워드가 날 부르기 전까지는 말이다.

워너 브라더스Warner Brothers에서 서류배달부로 일을 시작했다 그만둔 뒤 나는 에드거 셰릭Edgar Scherick이라는 성미 급한 방송국 부사장 밑에서 텔레비전 영화를 판매했다. 그때 파라마

운트Paramaount와 독점거래를 체결하는 과정에서 하워드를 만났다. 배우였던 그는 영화를 감독하고 싶어 했고 나는 영화를 제작하고 싶었다. 그렇게 우리는 이매진 엔터테인먼트Imagine Entertainment를 공동 설립하고 지금까지 35년간 파트너로 일하고 있다.

하워드는 20대부터 의사소통 능력이 뛰어났다. 1980년, 파라마운트의 내 사무실에서 그는 특유의 방식대로 주변을 관찰하고 깨달은 사실을 이야기했다.

"당신은 사람들을 만날 때 상대방 눈을 거의 안 쳐다본다는 거 알아요?"

우리는 막 시나리오 작가이자 〈뉴욕의 사랑〉, 〈스플래쉬〉를 함께 만든 로웰 간즈Lowell Ganz와 바발루 맨델Babaloo Mandel과 시간을 보낸 참이었다.

나는 당시 회의에서 늘 하던 대로 그들과 이야기를 하면서도 여러 가지 일을 동시에 했다. 다른 사람들이 말하는 동안 뭔가를 읽거나 그 주에 해야 하는 일의 목록을 적었던 것이다. 그런 행동에 대해 진지하게 생각해본 적도 없었다. 지금은 사람들이 말하고 있는데 다른 일을 하는 게 무례한 행동이라는 것을 알지만 당시에는 하워드가 무엇을 지적하려는 건지 곧바로 알아차리지 못했다. 나는 그에게 되물었다.

"그게 무슨 말이에요?"

"간즈와 맨델이 하는 말 제대로 들었어요?"

"물론이죠. 한 마디도 안 빼놓고 다 들었어요."

"그럴지도 모르죠. 하지만 당신은 그들을 쳐다보지 않았어요. 말하는 사람을 쳐다보지 않으면 감정이 상하는 법이에요."

"하지만 다 들었다고요."

"그건 중요하지 않아요. 대화 중에 상대가 시선을 피하면 존중받는다는 기분이 들지 않아요."

하워드의 단호한 충고에 정신이 번쩍 들었다. 오래전 남에게 늘 무시를 당했던 때가 떠올랐다.

일을 처음 시작했을 무렵, 나는 할리우드에서 매우 영향력 있는 에이전트를 만났다. 그는 한 번도 내 눈을 똑바로 바라보지 않았다. 내가 그를 쳐다보거나 말을 걸려고 할 때마다 딴청을 부렸다. 그가 내 말을 전혀 신경 쓰지 않는다는 사실에 보잘것없는 사람이 된 듯한 기분이 들었다. 그런 일을 몸소 겪어보고도 하워드가 지적하기 전까지 스스로 그런 행동을 하고 있다는 사실을 깨닫지도 못하다니.

다른 사람의 눈을 잘 쳐다보지 않는다는 걸 지적받은 순간부터 회의 중에는 항상 말하는 사람에게 시선을 고정해야겠다고 결심했다. 그러자 마법 같은 변화가 일어났다. 일상적인 회의가 더 이상 평범한 업무처럼 느껴지지 않았고 예전보다 사람들과 더 교감하는 느낌을 받았다. 나는 상대방이 우리가 논의하고 있는 프로젝트에 얼마나 확신이 있는지 통찰할 수 있었고 상대방은 내가 자기에게 관심을 기울이는 모습을 보고 존중받는다고 느꼈다. 그 결과 그들도 나를 배려하고 내 말에 관심을 가졌다. 새로운 호혜의식이 생겨난 것이다.

이제 나는 상대에게 뭔가를 배울 수 있기를 간절히 바라는 눈빛으로 자연스럽게 대화를 시작한다. 서로를 바라보는 시선에서 그런 열망이 드러나면 관계의 문이 열린다. 사람이라면 누구나 대화 중에 상대가 자기에게 주목하고 자기 말에 귀 기울이고 자기를 존중해준다는 기분을 받고 싶어 한다. 그리고 모든 사람은 우리에게 새로운 지식을 가르쳐주거나 다른 시각으로 세상을 바라보는 법을 알려줄 가능성이 있다. 그들의 잠재력을 끌어내려면 눈으로 연결을 청해야 한다.

스마트폰을 끄면 보이는 것들

하워드와 함께 만든 첫 영화 〈뉴욕의 사랑〉의 남자 주인공은 어렸을 적 나처럼 사람들의 눈을 똑바로 바라보지 못한다. 마이클 키튼Michael Keaton이 연기한 이 배역의 이름은 빌 블레이즈조프스키로, 여러 직장에서 연이어 해고당한 뒤 뉴욕 시체 안치소에서 야간 근무조로 일한다. 그러다 우연히 매춘부로 일하는 이웃 벨린다를 만나고 그에 영감을 받아 자신도 매춘 조직을 운영하기로 마음먹는다.

처음 그의 사업은 순조롭게 진행되지만 경쟁 조직의 방해로 인해 갈수록 암초에 부딪힌다. 문제를 해결하는 과정에서 블레이즈조프스키는 사람들에게 계속 사기를 쳐야 하는 상황에 놓인다. 하지만 그는 다른 사람과 계속 시선을 맞추고 있는 걸 매우 힘들어하기 때문에 여러 어려움을 겪는다. 상대의 눈을 보고 말하는 것이 신뢰를 쌓는 기본원칙이라는 사실을 모르는 사기꾼이라니 참 모순적인 이야기다. 블레이즈조프스키의 이러한 특징은 코미디 영화의 재미를 부각시키기 위한 요소로, 우리가 이를 보고 재미를 느끼는 이유는 그만큼 눈빛의 중요성을 잘 인식하고 있기 때문이다.

내 친구 휘트니 울프 허드는 사람을 연결시켜주는 애플리케이션 범블의 카리스마 넘치는 창업자 겸 CEO다. 요즘 우리 주변에는 일상적인 패턴에서 벗어나 평소 교제하는 범위 내에서는 절대 마주칠 일이 없을 사람들을 만나기 위해 범블 같은 서비스에 의지하는 사람들이 많다. 허드는 나에게 "화면을 몇 번 터치하는 것으로 현실세계에서 큰 도움이 되거나 영감을 주는 인간관계를 맺고 이를 통해 인생을 완전히 바꿀 수 있다니 정말 믿기 힘든 일"이라고 말한 적이 있다.

물론 허드의 말에도 일리가 있다. 하지만 가상세계에서의 상호작용에는 한계가 있다. 집에서 구글Google을 검색하면서 신뢰나 진정성, 친밀감을 찾기는 힘들다. 문자와 이메일만 주고받아서는 누군가와 영혼이 통하는 관계를 맺을 기회가 생기지 않는다.

표면적인 관계를 넘어선 의미 있고 진정한 관계를 맺길 원한다면 한번쯤은 상대와 직접 대면해야 한다. 그래야 그들의 눈빛, 몸짓 언어, 분위기를 읽고 그들의 성격이나 그들이 정말 무슨 생각을 하는지, 두 사람 사이에 뭔가 특별한 게 존재하는지 등에 관한 실마리를 얻을 수 있다.

연인관계의 경우에는 특히 그렇다. 진정한 사랑은 언제나 눈에서 시작된다. 운명의 상대와 눈을 맞추면 다른 모든 감각에 불을 붙는다. 베로니카와 내가 처음으로 눈을 맞췄을 때도 그런 일이 일어났다. 아주 잠깐 닿은 시선 속에서도 서로에 대한 호기심을 느낄 수 있었다.

다른 사람의 눈에 호기심이 드러난다는 건 당신을 인정한다는 뜻이다. 당신에 대해 더 알고 싶어 하고 당신 내면에서 가치 있는 걸 발견했다는 사실을 깨달으면 자연스럽게 상대방도 그런 기분을 느끼게 만들어주고 싶어질 것이다. 그러면 당신은 자연스럽게 당신의 눈과 몸짓 언어로 나도 상대방을 보고 있고 그에 대해 더 많이 알고 싶다는 마음을 전하게 될 것이다.

이렇게 다른 사람과 연결되고자 하는 욕망은 취약성을 높인다. 즉, 상대가 믿을 만한 사람이라는 생각이 들면 우리는 한층 더 약한 모습을 보인다. 자기 내면에 감춰진 것, 가장 깊은 두려움과 비밀스러운 꿈을 드러내도 괜찮다고 느끼기 때문이다. 이는 눈 맞춤으로 시작해 신실한 관계로 이어지는 자연스러운 흐름으로, 이런 과정을 통해 서로의 본모습을 알 수 있다.

베로니카와 나는 복잡한 파티장의 반대편 끝에 있어도 그 방을 가로질러 대화를 나눌 수 있다. 베로니카는 내 눈빛만 봐도 내가 뭔가 웃긴 걸 발견했다는 걸 알아차리고, 나는 베로니카가 뭔가를 마음에 들어 하지 않다는 걸 알 수 있다.

예컨대 바로 요전 날 밤에도 마찬가지였다. 둘이 함께 모임에 갔는데 손님 가운데 한 명이 자신의 정치적 견해에 대해 매우 장황하게 이야기를 늘어놓았다. 나는 눈빛만 보고도 베로니카가 당장 일어나 집에 돌아갈 채비가 돼 있다는 걸 알 수 있었다.

우리는 눈빛을 이용해 마음속의 이야기를 공유한다. 눈을 맞추며 상대방이 무슨 생각을 하는지 정확히 파악하고 집에 돌아가는 길에는 항상 그 이야기를 나누면서 많이 웃는다. 첫 만남 이후로 많은 시간이 흘렀지만, 나는 여전히 베로니카에게서 눈을 뗄 수 없다.

CHAPTER 2

당신의 눈은
무슨 말을 하는가?

"

자기가 만들어내는 에너지에 책임을 지고
다른 사람에게 전하는 에너지에도 책임을 져야 한다.

"

_ 오프라 윈프리Oprah Winfrey

할리우드에는 여전히 계급제도가 건재한다. 프로그램 크리에이터, 책임 프로듀서, 메인 작가는 방송계에서 대표적으로 힘이 강한 사람들이다. 영화에서는 아이디어를 현실화하는 크리에이티브 프로듀서가 가장 많은 의사결정권을 가지고 있다.

어느 업계든 일단 들어가면 먹이사슬의 가장 밑에서부터 시작하게 된다. 우편물을 분류하거나 세트장에 커피를 가져가거나 서류를 들고 온 동네를 돌아다니면서 서명을 받는다. 아무리 훌륭한 재능을 갖고 있더라도 그 업계에 불쑥 발을 들여놓을 수 있는 경우는 거의 없다. 시간을 들여 차근차근 계단을 밟아 올라가야 한다. 이름을 날리려면 인내와 끈기, 행운이 필요하고 또 누가 책임자인지를 명확하게 알아야 한다.

하지만 어디서나 예외는 있다. 간혹 사다리 아래쪽에 있을 때부터 타인의 관심을 끄는 독특한 능력을 지닌 사람들이 있다. 그들은 프로듀서나 감독, 최고 경영자는 아니지만 어떻게든 자기가 하는 말이 중요하다는 신호를 보낼 줄 안다. 내가 발견한 그들의 성공 비결은 바로 눈을 맞추는 것이다.

자아를 지나치게 드러내다 보면 거만하거나 허세가 심한 사람으로 받아들여지기 쉽고 사람들을 화나게 할 수도 있다. 그에 비해 눈 맞춤은 부작용 없는 안전한 자기 홍보 수단이다. 제대로 된 눈 맞춤은 자석 같은 힘을 발휘해서 상대를 강력하게 끌어당긴다. 눈 맞춤은 존재감을 키우고 자신감을 불어넣으며 인간미를 보여주고 다른 사람들과 연결을 맺게 한다.

모든 사람의 눈빛은 다르다

줄리 오Julie Oh는 항상 눈을 마주치며 아이디어를 제시하는 우리 회사 영화 팀의 재능 있는 젊은 임원이다. 그의 설득 방식은 항상 열의에 차 있으면서도 정중하다. 프로젝트에 대한 자신의 결의를 자신감 있고 위축되지 않는 눈빛으로 전달하며, 대화 내내 상대에게 시선을 떼지 않고 자기 말이 제대로 전달됐는지 확인한다. 상대방이 몸을 꼼지락거리거나 혼란스럽다거나 납득이 가지 않는 듯한 모습을 보이면 하던 말을 잠시 멈추고 질문이나 다른 의견이 있는지 물어본다. 이렇게 자신감 넘치는 사람과 만나면 자연스럽게 그들의 에너지에 마음이 끌리고 그들이 무슨 말을 하는지 듣고 싶어진다.

지금까지 내가 만나본 권력의 정점에 있는 사람들은 대부분 다른 사람과 매우 또렷하고 능숙하게 시선을 맞출 줄 알았다. 리더십이 반드시 힘이나 지위, 상황과 관련된 것은 아니다. 훌륭한 리더의 자질은 사람들의 눈을 똑바로 들여다보는 것에서 시작된다. 눈을 맞추지 않으면 진심을 전달할 수 없다. 그리고 상대와 마음이 연결되지 않으면 신념을 납득시킬 수 없다. 나아가 신념을 확신시키지 못하면 리더가 될 수 없다.

2005년, 영화 〈신데렐라 맨〉의 첫 상영회를 위해 백악관에 갔다. 그때 처음으로 조지 W. 부시George W. Bush 미국 전 대통령을 만났다. 나는 그가 어떤 사람인지 전혀 몰랐다. 미디어에서 그는 늘 호감 가는 모습에 편안한 스타일과 소박한 감성을 지닌 것처럼 보였지만 실제로도 그런 모습일지는 알 수 없었다. 그는 친절한 사람일까 아니면 의무적으로 공손한 모습을 보이는 걸까? 그와 나눌 대화도 지금껏 내가 만나봤거나 알고 지내는 다른 정치인들과의 대화처럼 형식적일까?

그동안 만나본 대통령들은 모두 강렬한 인상을 남기긴 했다. 예컨대 듣던 대로 카리스마가 있었던 빌 클린턴Bill Clinton은 군중 속에서도 눈길을 돌리지 않고 대화 상대만을 똑바로 응시해서 특별한 기분을 느끼게 해줬다. 마치 그의 모든 관심이 나에게만

쏠려 있다는 인상을 받았다. 최면에 걸린 듯한 기분이 들고 그의 눈빛에 저항할 방법이 없다고 생각할 정도였다.

대통령이 되기 전 만난 버락 오바마Barack Obama의 눈빛에서도 큰 에너지와 목적의식, 강한 열정을 느낄 수 있었다. 당시 소수당 의원으로 연공서열 99위였던 그는 상원회의장에서 가장 멀리 떨어진 가장 작은 사무실을 쓰고 있었다. 하지만 그의 사무실은 내가 본 곳 중 가장 붐비는 장소였다. 사무실 안에는 유권자들이 가득했는데 그 혼란스러운 공간에서도 오바마는 나와의 대화에만 완전히 집중했다. 그는 거의 여유롭다고까지 할 수 있는 태도로 이야기에 몰두했다. 나는 거기에서 어떤 의도된 날카로움을 느낄 수 있었다. 물론 계산적으로 그런 행동을 한 건 아니겠지만 정치인이라는 신분 때문에 자연스레 생긴 가벼운 조심성 같았다.

과연 부시는 어떤 인상을 줄까? 부시의 눈빛은 너무나 따뜻하고 매력적이었다. 대화 내내 시선이 나와 완전히 맞물려 있었고 서둘러 걸음을 옮기지도 않았다. 미국 대통령은 믿을 수 없이 바쁘다. 그런데도 그의 눈빛은 그가 이 순간에 온전히 집중하고 있고 내 말을 듣기 위해 참을성 있게 기다리고 있다는 신호를 보냈다. 그는 상대방의 기운을 북돋우는 소탈한 사람이었다. 내게 질문을 퍼붓거나 내 중요성을 저울질하지 않았다. 뭔가를 노리거나 안건을 제시하려고 하지도 않았다. 온전한 진심을 담아 나와 함께 있을 뿐이었다.

부시는 텍사스를 매우 사랑했기 때문에 나는 텍사스주 오데사에서 촬영한 〈프라이데이 나이트 라이츠Friday Night Lights〉에 대해 말을 꺼냈다. 나는 그곳 문화에 대해서 알게 된 내용을 운을 띄웠고 그는 그 문화 안에서 성장한다는 게 어떤 기분인지 덧붙였다.

이야기를 나누는 동안 부시는 계속 내 옆으로 자리를 옮겼다. 내가 그와 얼굴을 마주하려고 위치를 바꿀 때마다 그는 즉시 걸음을 옮겨서 다시 내 옆에 섰다. 그리고 '그레이저, 이렇게 서 있는 게 좋아요'라고 말하려는 것처럼 그를 막아서려는 내 어깨를 조심스럽게 쓱 밀었다. 내 시선을 피하려고 그렇게 한 게 아니었다. 부시는 나와 나란히 선 채로 계속 눈을 맞추려고 고개를 내 쪽으로 돌리고 있었다. 나는 그가 사람들과 어깨를 맞추고 서는 것을 타인과 좀 더 평등하게 관계를 맺는 방법으로 여기고 있다는 인상을 받았다.

모든 사람의 눈이 똑같은 방식으로 소통하는 건 아니다. 클린턴, 오바마, 부시는 모두 지도자였지만 각자마다 눈을 맞추는 방식이 달랐다. 그리고 그 눈빛을 통해 자신이 어떤 사람인지를 보여줬다. 마찬가지로 사람들이 당신을 바라보는 방식을 관찰하면 그들이 어떤 사람인지, 이 관계에서 어떤 사람이 되고 싶어 하는지 알 수 있다.

사람들은 보통 눈을 보고 즉각 내 앞에 선 사람이 하는 말이 흥미로운지, 그가 신뢰할 만한 사람인지 등을 결정한다. 그러니 내 눈이 어떤 말을 하는지 되돌아보자. 내 눈빛은 내가 전달하고 싶은 메시지를 제대로 전하고 있는가? 내가 어떤 사람인지 제대로 보여주고 있는가? 내 눈이 의도와는 다른 말을 해서 상대가 내 진심을 알아차리지 못하게 만들지는 않는가?

나만의 눈빛을 개발해보자. 이때 내가 어떤 사람인지를 단번에 알려주고 내 생각을 상대에게 투명하게 전할 수 있게 만드는 것이 중요하다. 내 눈이 어떤 감정을 전하는지 잘 모르겠다면 가족이나 친한 친구에게 내가 어떤 인상을 주는지 물어보자. 그런 다음 내 눈빛이 내 본모습과 이상향을 반영할 때까지 계속 연습하고 바로잡자.

눈빛이 말해주는 정체성

텔레비전 시리즈 〈엠파이어empire〉를 제작할 때 주인공의 아내 쿠키 라이언을 연기할 배우를 찾는 일에 깊이 몰두한 적이 있다. 이 캐릭터는 남의 기분을 신경 쓰지 않고 자신의 생각을 대담하게 말하는 성격이다.

〈엠파이어〉의 줄거리를 대략적으로 말하자면 다음과 같다. 쿠키는 남편 루시어스 라이언의 죄를 대신 뒤집어서서 17년간 복역하고 출소한다. 그동안 루시어스는 쿠키가 유죄 판결을 받기 전에 마약을 팔아서 번 40만 달러를 이용해 수백만 달러 규모의 음반 제국을 건설했는데, 쿠키는 이 회사의 소유권 절반을 차지하기 위해 어떤 짓도 서슴지 않는다. 라이언의 세 아들 역시 사장 자리를 놓고 경쟁한다.

쿠키는 흑인 여성 전과자에 대한 고정관념을 깨뜨리는 복합적인 인물이다. 그는 수단을 가리지 않는 사기꾼이지만 신앙심과 인간적인 면모, 때로는 깊은 동정심까지 드러내는 멋진 사람이다. 열정적이면서 똑똑하고 사랑스러운, 흉포하고 결함이 많지만 거부할 수 없는 매력을 발휘한다. 나는 이런 모든 특징을 구현할 수 있는 사람을 찾고 싶었다. 루시어스에게 지지 않는 당당한 이미지를 갖고 있으면서 미디어에서 본 적 없는 사람을 원했다. 그리고 오디션에서 타라지 헨슨Taraji Henson을 발견했다.

그때까지 나는 헨슨을 만난 적이 없었다. 하지만 파일럿 원본 영상만 보고도 그의 진실성과 힘을 느낄 수 있었다. 영상에서 눈에 확 띄는 표범 무늬 옷을 입고 감옥에서 나온 쿠키는 곧장 거들먹거리는 걸음걸이로 엠파이어 레코드 사무실로 들어간다. 그리고 "내 걸 찾으러 왔다"고 힘차게 선언한다. 쿠키는 자신의 가치를 먼저 증명하지 않는다. 일단 자신을 존중하라고 요구할 뿐이다. 그가 으스대면서 방에 들어오면 누구든 대번에 그의 존재감을 느낄 수 있다. 그런 쿠키를 연기하는 헨슨의 크고 관능적인 검은 눈동자는 단숨에 힘 있고 강렬하게 불타오르기도 하고 온화하고 걱정스러운 빛을 띠기도 했다.

헨슨이 연기하는 쿠키는 항상 분주하게 움직이면서 극적인 상황을 만들어냈다. 게다가 전혀 힘들이지 않고 명장면을 연이어 선보였다. 그의 눈빛이 뿜어내는 에너지는 보는 사람을 완전히 중독시켰다. 헨슨은 멋진 모피를 두르고 반항적인 태도를 마음껏 발산했다. 대본에 묘사된 캐릭터보다 훨씬 강렬한 존재감을 발휘하면서 쿠키에게 생명을 불어넣었다.

〈엠파이어〉가 정식으로 방영되고 헨슨은 곧 잡지 표지, 블로 그, 토크쇼에 자주 얼굴을 비췄다. 여성들은 쿠키에게 감탄했다. 헨슨이 유능하고 현명한 동시에 유머러스하고 직설적이고 당당한 페미니스트 같은 쿠키를 연기한 덕분이었다. 〈바이브Vibe〉라는 잡지에서는 "사나우면서도 자상하고 매우 강인한 사람이다. 1회가 방영되고 모두들 쿠키에게 빠져버렸다. 〈엠파이어〉를 본 여성들이 쿠키처럼 될 방법을 알고 싶어 한다"고 보도할 정도였다. 어디서나 존재감을 내뿜는 쿠키를 어느 누가 사랑하지 않을 수 있겠는가? 이내 헨슨과 쿠키는 드라마를 넘어 SNS에서도 인기를 끌었다.

〈엠파이어〉가 첫 방송을 하고 몇 달이 지난 뒤에야 겨우 헨슨과 만났다. 그가 실제로는 어떤 모습일지 궁금했다. 스크린 안과 밖의 성격이 비슷한 배우는 드물다. 하지만 헨슨은 예외였다.

헨슨이 방에 들어오는 모습을 보자마자 나는 그가 쿠키처럼 존재감이 강력하다는 걸 곧바로 알 수 있었다. 그는 모두의 관심을 끌 만큼 뜨거운 에너지를 내뿜었다. 내가 무슨 말을 하고 있는지도 잘 기억이 안 날 정도였다. 헨슨의 눈에 가득한 대범함에 거의 허를 찔린 듯한 기분이었다. 평정심을 되찾는 데 도움이 되는 기술을 재빨리 이용해서 흔들리는 마음을 붙잡았다. 내게는 이런 기술이 몇 가지 있는데, 이때는 손목에 건 고무줄을 찰싹찰

싹 튕기는 상상을 했다.

헨슨은 두뇌 회전이 빠르고 창의적이고 사교적이며 쿠키처럼 자기 진심을 말하는 걸 주저하지 않는 솔직한 사람이었다. 우리는 그날 진정한 우정을 맺었고 지금까지도 서로를 무한히 신뢰하고 존중하는 돈독한 사이다. 헨슨의 눈빛처럼 상대를 끌어당기는 강렬한 눈빛은 내가 누군지를 단번에 말해주며 어떤 사람이든 호감을 가지게 만들 수 있다. 내 눈에 나만의 강점을 담아보자. 자연스럽게 모두들 당신을 따를 것이다.

CHAPTER 3

눈 맞춤에도
때와 장소가 있다

"

우리는 외부의 사건이 아닌
자기 마음을 지배할 수 있는 힘을 가지고 있다.
이 사실을 깨달으면 힘을 얻게 될 것이다.

"

_ 마르쿠스 아우렐리우스Marcus Aurelius

인간관계와 대화에서 눈 맞춤의 힘은 크다. 모르는 사람에게 말을 거는 것보다 그와 눈을 맞추는 것은 상대적으로 수월하다. 따라서 이 책을 읽고 눈 맞춤의 놀라운 효과를 막 깨달은 당신은 신이 나 사람들의 눈을 마구 쳐다볼지도 모른다. 하지만 다른 사람과 눈을 맞추는 것이 언제나 좋은 효과를 발휘하는 것은 아니다. 잘못하면 오히려 역효과를 내 비호감으로 낙인찍힐 수도 있다. 사람들과 눈을 맞추기 전에 항상 주위를 둘러보자.

언제 어디서 눈을 맞출 것인가

오래전, 서핑 영화 〈블루 크러시Blue Crush〉를 제작하기 위해 하와이에 방문한 적이 있다. 당시 나는 노스 쇼어에 펼쳐진 열대의 아름다움, 웨이메아 만 저편으로 보이는 푸르른 산들, 그곳 전체에 배어 있는 느긋한 분위기에 매혹됐다.

나중에 자세히 소개할 테지만 그때 나는 처음으로 서핑을 배웠다. 하와이에서는 현지인, 특히 공격적인 우두머리 성향의 현지인과 함께 서핑을 할 때 절대 해서는 안 되는 행동이 하나 있다. 바로 물속에서 그들의 눈을 똑바로 바라보면 안 된다는 것이다.

하와이에서 파도를 타다가 실수로 누군가의 앞에 끼어들었을 때 그 사람의 눈을 쳐다보지 않았다면 그건 사고로 간주된다. 하지만 만약 똑바로 쳐다봤다면 시비를 거는 것으로 받아들인다. 무심코 한 짓이라고 하더라도 그 눈빛을 무례한 의도를 담은 것으로 여기고 현지인들은 당신을 '눈빛이 더러운 놈'으로 낙인찍을 것이다. 그리고 한 시간 안에 노스 쇼어에 사는 주민들이 전부 당신이 몰상식한 사람이라는 사실을 알게 되고 흠씬 두들겨 맞아 병원 신세를 지게 될지도 모른다. 그게 쓸데없는 소동인지 아니면 진짜 심각한 위험인지는 모르겠지만 말이다.

눈을 맞추는 것을 조심하는 문화는 하와이 서퍼만의 것이 아니다. 나이지리아나 동아시아 같은 일부 지역에서는 지나치게 시선을 맞추는 걸 무례한 행동으로 간주한다.* 일본에서는 학생들에게 시선을 부드럽게 하기 위해 대화하는 사람의 목을 쳐다보라고 가르친다.** 또 이란에서는 남녀가 서로의 눈을 바라보는

---

* Geri-Ann Galanti, 《Caring for Patients from Different Cultures》(다양한 문화권 출신의 환자 돌보기), 34쪽, https://books.google.com/books?id=nVgeOxUL3cYC&pg=PA34#v=onepage&q&f=false/.

걸 부적절한 행동으로 여긴다.

미국에도 직접 눈을 마주치는 걸 금지하는 사례들이 있다. 미네소타주 입법부의 상원 규칙 제36조 8항은 "토론 중의 모든 발언은 의장에게 직접 전달해야 한다"고 규정하고 있다. 상원의장은 항상 회의장 앞에 앉아 있다. 따라서 어떤 상원의원이 뒤쪽에 있는 누군가와 논쟁을 벌이는 중이라고 해도 서로를 쳐다볼 수 없다. 상원의장을 통해 대화하려면 앞을 볼 수밖에 없기 때문이다.**[*]** 이 규칙은 반대되는 의견을 가진 사람들이 싸우지 않게 하기 위해 제정된 듯하다.

어떤 상황에서는 누군가의 눈을 쳐다볼 경우 원치 않는 길로 들어서게 될 수 있다. 1996년 영화 〈챔버The Chamber〉를 제작할 때 사형수 수감 감옥인 미시시피 주립교도소에 간 적이 있다. 당시 교도소장은 내게 수감자들 옆을 지나갈 때는 절대로 눈을 쳐다보지 말라고 했다. 위험에 처할 수도 있기 때문이다. 그는 수

** Robert T. Moran, Philip R. Harris, Sarah V. Moran, *Managing Cultural Differences: Global Leadership Strategies for the 21st Century*(문화적 차이 관리: 21세기를 위한 글로벌 리더십 전략), (Butterworth-Heinemann), 2007, 2010년 12월 17일에 검색, 64.

°* Ailsa Chang, "What Eye Contact—and Dogs—Can Teach Us About Civility in Politics(눈맞춤과 개가 가르쳐주는 정치 예절)", NPR, 2015년 5월 8일, https://www.npr.org/sections/itsallpolitics/2015/05/08/404991505/what-eye-contact-and-dogs-can-teach-us-about-civility-in-politics/.

감자들이 우리와 눈을 맞추려고 할 것임을 알고 있었다. 사형수들에게 타인과의 연결은 간절히 원하지만 가질 수 없는 뭔가를 얻을 절호의 기회였다.

때로는 누군가의 눈을 바라보지 않는 것이 바라보는 것만큼 의미 있는 행동일 수도 있다. 누구의 눈을 바라볼 것인가, 언제 볼 것인가, 어떻게 볼 것인가 같은 모든 사항들이 특정한 맥락 안에서 맞물려야 제대로 관계를 형성할 수 있다. 눈 맞춤은 훌륭한 의사소통 수단이지만 무조건 눈을 맞추는 것이 능사는 아니다. 적절한 때와 장소를 가려서 상대를 진심으로 존중하는 마음을 담아 바라봐야 진정한 효과가 발휘된다.

적절한 눈 맞춤의 힘

나는 〈블루 크러시〉를 촬영할 때 하와이의 노스 쇼어를 처음 방문했다. 당시 나는 에미넴이 출연한 영화 〈8마일〉을 제작하기 위해 디트로이트에 있었고 한겨울에 얼음처럼 차가운 도시 풍경으로 꾸며놓은 세트장에서 며칠을 보내자 따뜻한 공기와 밝은 햇빛이 못 견디게 그리워졌다. 그래서 곧바로 〈블루 크러시〉

세트장으로 넘어갔다.

하와이행 비행기가 착륙하는 사이 창밖을 내다봤다. 더없이 넓고 자연 그대로의 모습을 간직한 해변과 상상했던 것 이상으로 푸른 바다가 보였다. 디트로이트가 차디찬 악몽이었다면 이곳은 낙원처럼 보였다.

나는 비행기에서 내리자마자 하와이에게 홀딱 반했다. 한두 시간 차를 타고 돌아다닌 뒤에는 아예 그곳에서 살고 싶다고 생각했다. 곧바로 느낌이 아주 괜찮은 집을 한 채 찾았다. 파란색 타일 지붕이 있는 크고 하얀 인도네시아풍 주택으로, 서반구에서 가장 유명한 서핑 명소인 반자이 파이프라인 바로 근처였다.

하와이에서 지낸 초반 며칠 동안은 모든 게 내가 기대한 그대로였다. 섬 전체의 여유에 녹아들었다. 〈8마일〉이 제대로 촬영될 수 있을지 걱정하느라 안절부절못했던 나는 노스 쇼어에서 완벽한 해독제를 찾았다. 멋지고 활기차면서도 차분한 세계를 발견한 것 같았고 하와이가 나를 두 팔 벌려 환영하는 느낌을 받았다.

〈블루 크러시〉를 촬영할 때 우리는 제작 현장에 현지인들만 채용했다. 지역경제를 활성화하기 위해서였다. 영화를 제작하면서 이렇게까지 하는 경우는 드물었지만 가급적 지역사회에 원활하게 통합되기를 바랐기 때문에 그런 노력을 기울인 것이다.

그런데 어느 날 촬영장에 갔다가 평소에 일하는 사람이 아닌 듯한 낯선 누군가가 서성이는 모습을 봤다. 단단한 체구의 그 남자는 가슴을 펴고 굳은 표정을 짓고 있었다. 직원들과 익숙하게 대화하는 모습은 친근해 보였지만 나는 그가 굉장히 위협적으로 느껴졌다.

나는 그에게 조심스럽게 다가갔다. 제이크Jake라는 그 남자는 우리의 촬영 허가를 확인하고 안전 문제를 돕기 위해 촬영장을 방문했다고 이야기했다. 그는 사실 블랙 쇼츠Black Shorts라고 불리기도 하는 다 후이Da Hui라는 단체에 소속된 사람이었다. 블랙 쇼츠는 다 후이 구성원들이 주로 검은 반바지를 입기 때문에 붙여진 이름이다.

다 후이는 1970년대 중반에 남아프리카와 호주 출신 서퍼들의 급습에 맞서 반자이 파이프라인을 보호할 목적으로 결성됐다. 하와이 사람들은 바다, 천연자원, 문화유산 등에 대한 존중을 매우 중요하게 여긴다. 그런데 언젠가부터 여행객과 기업들이 하와이에 몰려들어 파도를 타고 조상이 발명한 서핑을 무단으로 상품화하자 일부 하와이 주민들은 모욕감을 느꼈다. 그래서 다 후이 같은 단체를 만들어 외부인들을 물리치고 자신만의 정체성과 서핑에 대한 영향력을 되찾는 활동을 펼쳤다.

다 후이는 자신들이 가진 자연과 문화를 보호하기 위해 무슨 일이든 다 했다. 실제로 예전에는 서핑 경기를 방해하기 위해 물속으로 헤엄쳐 들어가기도 하고 다른 서퍼들에게 자리를 비켜달라고 공격적으로 요구하기도 했다. 하지만 오늘날에는 지역 사회에서 자원봉사를 하거나 의류 브랜드를 만들거나 서핑 대회의 안전을 감독하는 등 더 주류적인 노력을 기울이는 쪽으로 노선을 바꿨다. 그러나 하와이 원주민 문화를 지키겠다는 그들의 다짐은 예전과 똑같이 굳건하다.

아무튼 제이크가 우리에게 요구한 것은 하와이에서 촬영을 하는 것에 대한 비용이었다. 〈블루 크러시〉의 제작 예산에는 다 후이에게 지불할 수수료가 편성돼 있지 않았지만 우리는 문제가 생길 것에 대비해 제이크에게 돈을 줬다.

제이크와는 마음이 맞았기 때문에 가끔 함께 서핑을 하기도 했지만 제이크의 존재 자체와 태도에는 여전히 뭔가 위협적인 느낌을 주는 부분이 있었다. 나는 평소 서핑 에티켓에 신경을 썼기 때문에 다 후이에게 눈빛이 더러운 놈으로 낙인찍힌 적은 없지만 그 덕분에 타인과 눈을 마주치는 것에 대해 새로운 시각을 갖게 됐다. 바로 눈 맞춤은 신뢰감을 주고 좋은 관계를 형성하는

데 도움을 주기도 하지만 한편으로는 상대를 위협하고 수직적인 관계를 만들기도 한다는 사실이었다.

나는 촬영을 마친 뒤에도 하와이에서 많은 시간을 보냈다. 그곳 사람들은 나를 환영했고 나는 하와이에 완전히 적응했다. 아니, 적어도 그렇다고 믿고 있었다. 어느 날 저녁 자전거를 타고 오솔길을 따라 브이랜드라는 해변에 가기 전까지는.

브이랜드는 다 후이의 영역이었다. 내가 자전거를 타고 콧노래를 부르면서 달리는데 갑자기 남자 두 명이 덤불에서 나와 길을 가로막았다. 그중 한 명이 내 쪽으로 왔다. 그는 보디빌더처럼 잔뜩 부풀어 오른 근육을 가졌고 팔과 손가락 관절에는 온통 문신을 새겼다.

"이봐요, 그레이저. 여기서 뭐 하는 거요?"

나는 곧 그가 누군지 알아차렸다. 전에 한두 번 만난 적이 있는 사람이었다. 제이크와 한패로, 다 후이 조직원 중 사람들이 가장 두려워하고 외관상으로도 무섭게 생긴 사람이었다. 그가 더 가까이 다가왔다. 이게 단순히 사교적인 행동이 아니라는 걸 즉시 알아차렸다. 이 사람들은 뭔가 다른 꿍꿍이가 있었다. 나는 최대한 침착한 태도를 유지하면서 말했다.

"자전거를 타고 있습니다."

"그레이저, 당신 세금도 안 냈잖소."

무슨 말을 하는 건지 의아했다. 세금이라고? 도대체 어떤 세금을 말하는 건지 짐작이 가지 않았다. 나는 곧 이들이 자릿세 명목으로 돈을 갈취하려 한다는 걸 깨달았다. 제이크가 〈블루 크러시〉 촬영장에서 가져간 돈은 별개였다. 이 사람들은 내게 개인적으로 뇌물을 받으려는 것이다.

"아니, 나는 제이크에게 돈을 냈는데요."

"그런 기록은 없는데. 이제 새해가 됐으니 새로운 세금을 내셔야지."

나는 평소 조심성이 많은 사람이다. 다른 사람들이 내뿜는 에너지와 사교적인 상황을 즐기지만 어떤 이유에서든 육체적인 위험이 닥치면 속도를 늦춘다. 지금껏 살면서 두 번 정도 목숨이 위험한 상황에 처했던 적이 있는데, 그중 한 번은 타고 있던 비행기의 전기 설비가 고장 나 추락할 뻔했을 때다. 다 후이에게 얼토당토않는 협박을 당한 이 순간에 나는 약간 그때와 비슷한 느낌을 받았다. 마음이 매우 차분하게 가라앉았다. 문신을 한 남자가 말했다.

"푸드랜드에서 당신 여자친구를 봤지. 아주 예쁘던데. 되도록 그 여자한테 좋은 일만 있었으면 좋겠는데 말이야. 안 좋은 일이 일어나는 건 싫잖아."

갑자기 노스 쇼어에 대한 내 감정이 바뀌기 시작했다. 어쩌면 내 낙원은 그리 목가적이지 않은 곳일지도 모른다. 어쩌면 처음부터 나를 환영한 적도 없고 내 것이 아니었을지도 모른다. 좋았던 인상이 무너지기 시작하자 이곳에서 느끼던 안정감도 점차 사라졌다.

그들이 정말로 내 여자친구를 해치려드는 걸까? 정확히 뭘 하려는 걸까? 상황이 심각했다. 이들에게 제대로 대응해야만 했다. 말로 반박하거나 협상을 시도하기보다 다른 방향으로 나가기로 했다. 내가 제일 자신 있어 하는 눈 맞춤을 써먹을 때였다. 물속에서는 다 후이의 눈을 똑바로 바라보지 않는 게 좋았지만 육지에서는 정반대로 해야 했다.

나는 눈길을 돌리지 않고 자신감 넘치면서도 예의바른 눈빛으로 문신한 남자를 바라봤다. 쓸데없는 소리는 하지 않았다. 시선을 내리깔지도 않았지만 너무 똑바로 바라보지도 않았다. 그저 오랫동안 조용히 그의 시선을 붙잡고 있었다. 한동안 정적이 흐르고 마침내 내가 입을 열었다.

"여기엔 아무 문제도 없습니다. 난 이미 세금을 냈어요. 그러니까 괜찮아요."

그리고 다시 자전거에 올라타 페달을 밟았다. 놀랍게도 그들은 나를 멈춰 세우려고 하지 않았다. 나는 노을을 향해 계속 달렸다. 곧바로 가슴이 두근거리기 시작했다.

나는 눈빛만 가지고도 소동을 가라앉히고 상황을 진정시켰다. 단 한 번의 시선으로 그 복잡한 역학관계에서 벗어날 수 있었다. 한편으로는 내가 약하지 않다는 것과 나를 위협해서 굴복시킬 수는 없다는 걸 적에게 알렸다. 그러면서 그의 힘을 인정하고 하와이 사람들과 그들의 문화를 온갖 방법으로 경시한 수많은 외부인들과 연관된 골치 아픈 역사에 대해서도 알은척을 한 것이다.

나는 영화 제작을 생업으로 삼고 있지만 사실 진짜 내 직업은 이야기꾼이다. 그리고 이야기란 언제나 감정의 소통을 중심으로 전개된다. 사람들은 인생을 옳음과 그름, 성공과 실패로 양분해서 보는 경향이 있지만 사실 감정은 그보다 더 미묘한 것이다. 언제든 무한히 바뀔 수 있는 동시에 명명백백하기도 하다. 누군가가 감정을 느끼는 방법 혹은 세상을 경험하는 방법을 지시할 수는 없다. 따라서 좋은 이야기를 만들려면 상대의 감정을 함부로 재단해서는 안 된다. 한 마디로 감정은 주관적이다.

아마 요즘 사람들에게 무엇보다 필요한 건 주관적인 자신의 감정을 인정해주고 이야기를 들어줄 대상일 것이다. 다들 그걸 원하지 않는가? 자신의 감정과 이야기를 있는 그대로 받아들여 주는 것 말이다. 다 후이 조직원 두 명과 벌어진 일도 바로 이 지점과 관련된 문제였다고 생각한다. 나는 그들의 감정과 이야기에 섣불리 도전하려고 하지 않았다. 그들의 힘과 권위와 경험을 겸허히 인정하는 동시에 내 본모습도 유지할 수 있는 방식으로 그들을 바라봤다.

그날 이후 나는 대화할 때 내가 눈을 맞추는 상대가 누구인지, 언제 그 사람과 눈을 맞출 것인지를 판단할 뿐만 아니라 눈을 맞출 것인지 말 것인지, 만약 맞추기로 결심했다면 어떻게 맞출 것인지도 생각하게 됐다. 우리가 일상에서 나누는 말 이면에는 그보다 복잡한 의도가 숨겨져 있다. 그리고 지금 흘러가는 이야기에 적절한 때와 장소를 가려서 제대로 상대를 쳐다보는 것은 강력한 효과를 발휘한다. 인간관계에서 더 크게 영향력을 발휘하고 싶다면 예상치 못한 순간이 오더라도 당황하지 말고 신중하게 판단해 눈을 맞추자. 상대를 휘어잡을 회심의 한 방이 될 것이다.

CHAPTER 4

진실한 눈빛은
모든 걸 이긴다

"

신이 당신을 사랑한다면
그보다 더 좋은 것이 어디 있겠는가?

"

_ 아레사 프랭클린Aretha Franklin

진실한 눈빛은 모든 걸 이긴다. 상대가 어떤 신념을 가지고 있든 내 경험을 먼저 털어놓고 인간적인 공감대를 형성하려고 노력하다 보면 영혼이 연결되는 것을 느낄 수 있다.

상대와 연결되는 가장 쉬운 방법

나는 유대인이자 가톨릭 신자로 자랐다. 어머니는 유대인이었고 아버지는 가톨릭을 믿었기 때문이다. 열 살쯤까지는 기본적으로 가톨릭 신자의 삶을 살았다. 아기 때 세례를 받았고(희한하게도 유대인인 어머니는 내가 아버지의 신앙을 존중해야 한다고 주장했다) 소년시절에는 매주 일요일마다 교리문답을 하러 다녔다.

　하지만 나는 언제나 내 유대인 핏줄의 전통이 더 편안하고 따뜻하고 생동감 있게 느껴졌다. 나는 소냐 할머니와 함께 1년에 두어 번 정도 유대교 사원에 가곤 했는데, 그때마다 할머니는 유대교 신앙에 관한 이야기를 들려줬다. 유월절이면 할머니 댁에 가서 함께 유대교 축일을 기념했다.

베로니카는 나와 달리 독실한 가톨릭 신자인 필리핀계 어머니와 미국인 아버지 밑에서 자랐다. 그는 성 콜룸바 가톨릭 초등학교를 다녔고, 미국에서 가장 오래된 가톨릭 예수회 대학인 조지타운 대학교를 졸업했다. 평소에도 종교에 깊이 헌신하며 세인트 모니카 성당의 신도들에게 날 소개시켜주기도 했다. 그리고 우리는 결국 그 성당에서 결혼식을 올렸다.

결혼하고 베로니카와 함께 종종 성당에 다니면서 나는 주임 사제인 로이드 토거슨Lloyd Torgerson 사제와 친해졌다. 진취적이고 재능 있는 토거슨 사제는 우리 지역사회와 로스앤젤레스 전체에서 사랑받는 영적 지도자다.

그와 처음 만났을 때, 그가 나를 바라보는 눈길에 깜짝 놀랐다. 나는 죄책감과 심판을 강조하는 가톨릭교의 가르침을 받으면서 자랐다. 그리고 그런 분위기가 늘 부담스러웠다. 따라서 성당에 가는 데 소홀했고 사제를 만날 때마다 그의 눈에서 날 인정하지 않는 기미나 못마땅한 기색을 보는 것에 익숙했다. 하지만 이와는 대조적으로 토거슨 사제의 눈에는 깊은 사랑과 인간애만이 담겨 있었다.

토거슨 사제의 설교는 내가 살면서 받아온 가톨릭교의 가르침과 전혀 달랐다. 주제가 뭐든 간에 그의 메시지는 항상 희망적이고 시의적절하며 사랑에 뿌리를 두고 있었다. 그래서 가슴에도 진심으로 와닿았다.

토거슨 사제는 설교에 흥미로운 이야기를 활용하는 특별한 재능이 있었다. 우리가 인생을 이해하도록 도와주기 위해 자신의 개인적인 실수나 공감대를 형성할 만한 고생담까지 동원했다. 그는 자신의 이야기를 종교적인 성찰과 연결시키면서 인생의 우선순위를 다시 정할 수 있게 도와줬다. 그래서 설교를 듣고 집으로 돌아갈 때면 늘 우리가 왜 여기에 있고 이 세상에서 정말 소중한 게 무엇인지를 더 넓은 시각에서 생각하게 됐다. 어느 덧 토거슨 사제와 나는 친한 친구가 됐고 그는 내 영적인 여정에 지대한 영향을 미쳤다.

그러던 어느 날 베로니카가 우리 성당 사람들이 단체로 이스라엘 여행을 갈 예정이라고 알려줬다. 나는 그렇게 단체로 여행을 가본 적이 없었다. 비록 전보다 가톨릭교에 대한 불편한 기분이 많이 줄어들기는 했지만 성당 사람들과 함께 처음으로 이스라엘 여행을 가는 일이 100퍼센트 내키지는 않았다. 그렇지만 나는 워낙 호기심이 강했고 그 여행이 베로니카에게 큰 의미가 있다는 걸 알고 있었다. 그렇게 해서 우리는 이스라엘로 여행을 떠나기로 결정했다.

우리는 로스앤젤레스에서 이스라엘 텔아비브까지 가는 직항기를 탔다. 텔아비브에서 하룻밤을 보내며 전열을 가다듬은 뒤 다시 출발해서 세인트 모니카에서 온 그룹과 합류했다. 마침내 갈릴리호 옆에 있는 타브가에 도착해 그곳에 있는 오병이어 교회를 방문했다.

오병이어 교회는 예수가 빵과 물고기의 기적을 행한 곳으로 가톨릭교 성지 중에서도 가장 거룩한 곳이다. 우리 일행은 미사를 드리려고 둥글게 모여 섰는데, 왠지 나는 내가 거기 있는 게 조금 부적절하다는 생각이 들었다. 소냐 할머니가 떠올랐다. 내가 가톨릭교도들과 함께 성지를 방문한 것을 할머니가 어떻게 생각하실지 궁금했다.

영적인 위기가 닥쳐온 듯했다. 내가 소냐 할머니를 배신하고 있는 걸까? 하느님을 배신하고 나아가 내 믿음까지 배신하는 걸까? 내가 믿었던 건 뭐지? 내가 너무 오버하는 걸로 보일지도 모르지만 이스라엘 같은 곳을 여행하며 자기가 과거에 사랑했던 사람이나 현재 사랑하는 사람을 떠올리는데 이런 중요한 질문들을 숙고하지 않을 수 없었다.

이렇게 혼란스러운 마음으로 성찬식을 치르는데 뒤에 서 있는 관광 가이드 엘리가 보였다. 여행 초반 나는 그에게 유대인으로 태어나 혼란스러워하는 가톨릭교 신자로 성장했고 내 아내는 열렬한 가톨릭교 신자라는 이야기를 했다. 엘리는 가톨릭교 신자와 이슬람교 신자가 각자 자기네 땅이라고 주장하는 곳에서 살아가는 이스라엘 출신 유대인의 삶이 어떤지 알려줬다. 엘리와 나눈 짧은 대화는 여행을 계속하는 동안 각자의 신앙에 관한 몇 시간짜리 토론으로 발전했다. 대화를 나누는 내내 엘리는 온화하고 호기심 많은 눈으로 날 지켜봤다.

힐끗 엘리를 돌아보자 소냐 할머니의 모습이 떠올랐다. 바로 그때 나는 내가 할머니를 배신하는 게 아니라는 것을 알았다. 신이나 나 자신을 배신하는 것도 아니었다. 오히려 내가 누구고 무엇을 믿는지 알아가는 중이었다. 오랫동안 계속된 종교 분쟁의 역사에도 불구하고 이스라엘에서 나는 일체감과 사랑을 느꼈다.

이틀 뒤, 우리 그룹은 '비아 돌로로사'라는 고난의 길을 걸을 계획이었다. 예루살렘 구 시가지에 있는 이 거리는 예수가 십자가 처형장으로 향할 때 걸었던 바로 그 길이라고 한다. 곳곳에 십자가의 길이 표시돼 있고 성묘교회에서 끝나는 비아 돌로로사는 가톨릭교 신자들에게 중요한 의미가 있었다. 구불구불한 길을 따라 걷는 동안 순례자들은 노래를 부르거나 예수를 흉내 내며 교대로 십자가를 메기도 한다고 했다.

베로니카는 이 모든 경험을 나와 함께 나누고 싶어 했다. 그래서 우리는 새벽 네 시에 일어나 킹 데이비드 호텔에서부터 구시가지 벽 안쪽에 있는 모임 장소까지 칠흑 같은 어둠 속을 나아갔다. 그렇게 함께 고난의 길을 걷기 시작했다.

약 40명 정도 되는 우리 일행은 교대로 돌아가면서 십자가를 졌다. 그 뒤를 따르는 사람은 노래를 불렀다. 중간에 있는 14개의 처소에 도착할 때마다 성경을 낭독하고 기도를 올리고 다시 다음 처소까지 행진했다.

함께하던 사제가 내 어깨를 툭 쳤다. 내 차례였다. 길이가 3미터 정도 되는 육중한 나무 십자가를 메고 좁고 오래된 길을 따라 걷는 동안 해가 뜨기 시작했다. 우리는 노래를 부르면서 성묘 교회 내부 골고다에 있는 마지막 처소로 향했다. 그곳에 들어갈 때 엘리와 눈이 마주쳤다. 하지만 이번에 다가온 시선은 지금까지와 달랐다. 그의 눈빛은 호기심이 아니라 우리가 서로 연결돼 있음을 보여줬다. 함께 영적인 탐구에 나선 두 명의 인간은 오랫동안 서로를 마주 봤다.

눈빛이 만들어낸 신비한 소통

몇 년 전, 일 때문에 홍콩에 갔다. 한밤중에도 잠을 이루지 못하고 정신이 말똥말똥했다. 지긋지긋한 시차증 때문이기도 했지만 신경 쓰이는 일이 계속 머리에서 떠나지 않는 탓도 있었다.

당시 나는 하워드와 함께 설립한 이매진 엔터테인먼트의 주식을 상장하려던 참이었다. 회사 주식을 상장할 때는 늘 불안감이 따른다. 나는 머릿속으로 우리가 아직 처리하지 못한 일들을 바쁘게 떠올렸다.

내 고민거리 중 하나는 로스앤젤레스에 더 널찍한 사무실 공간을 마련하는 것이었다. 15명으로 시작한 회사가 2년 새에 인원이 9배나 늘었다. 지금 쓰는 사무실은 그 인원을 다 수용하기 벅찼고 상황은 갈수록 악화되고 있었다.

도저히 잠을 이룰 수 없었던 나는 침대에서 일어나 호텔 창밖을 응시했다. 안개 속에서 거대한 형체 하나가 나타났다. 그 건물은 중국은행 타워였다. 호텔 지배인에게 그 건물에 대해 묻자 이렇게 답해줬다.

"홍콩 사람들 모두 그 건물 때문에 엄청나게 화가 나 있어요. 인근 건물 소유주들, 특히 풍수지리 전문가들 사이에는 엄청난 소동이 벌어지고 있답니다."

"풍수지리 전문가라니 그게 뭡니까?"

당시 미국에서는 풍수지리라는 말이 널리 알려져 있지 않았기 때문에 지배인이 무슨 말을 하는지 알아들을 수가 없었다. 지배인은 풍수지리 전문가란 가장 상서로운 건축과 인테리어 디자인, 즉 행운이 들어올 수 있도록 문과 창문, 가구 등을 어떻게 배치해야 좋은지 알아내기 위해 기업에서 고용하는 컨설턴트라고 설명했다.

나는 풍수지리라는 개념에 매료됐다. 며칠간 홍콩에서 가장 유명한 풍수지리 전문가가 누구인지 알아봤다. 사실 내 사업과의 연관성을 넘어 호기심 때문이었다. 이 생소한 개념에 대해 자세히 알고 싶어 죽을 지경이었다.

수소문 끝에 마침내 반가운 소식을 들었다. 풍수지리에 관한 지식이 해박하고 인기도 매우 많은 전문가 형제가 있다는 것이었다. 하지만 서양인으로서 그들에게 접근하는 일은 쉽지 않았다. 상당한 격식도 갖춰야 했다.

결국 여행 마지막 날 만남이 성사됐다. 풍수지리 전문가 형제가 내 호텔 방으로 찾아왔다. 나는 먼저 넉넉한 사례금이 들어 있는 봉투를 내밀었다. 그들은 봉투 속을 들여다보지도 않았다.

그게 관례였다.

이 만남에 대비해 최선을 다해 여러 가지를 준비했지만 나는 광둥어를 전혀 할 줄 몰랐다. 형제가 영어를 좀 할 줄 알았지만 그들도 언어구사력이 그리 유창한 편은 아니었다. 의사소통을 제대로 하기 위해 내 눈에 의지해 그들의 눈빛에 아주 세심한 주의를 기울였다. 몸을 앞으로 기울여 그들이 말하는 것을 아주 가까이에서 지켜봤다.

나는 그들이 어떤 일을 해왔고 어떻게 그 일을 하게 됐는지 질문했다. 가구나 문, 창문 배치 외의 다른 영역에도 그들의 전문지식을 활용할 수 있는지, 뭘 해야 하는지를 어떻게 알아내는지 물었다. 그러자 형제 중 한 명이 사물의 근원과 연결된 느낌을 바탕으로 일을 진행한다고 답했다.

만남을 마무리하기 직전, 한 명이 몸을 기울여 내 손목을 잡았다. 그는 잠시 내 손과 팔을 살펴봤다. 그러자 다른 형제도 똑같이 했다. 내 손목을 처음 잡은 쪽이 물어봤다.

"주변 사람 중에 이니셜이 'QN'인 사람이 있습니까?"

잠시 생각해봤다. 흔치 않은 이니셜 조합이지만 나는 꽤 큰 회사를 운영했고 주변에도 사람들이 아주 많았다. 잘 떠오르지 않았다. 나는 그의 눈 속에 담긴 특정인의 모습을 찾아내기라도 할 것처럼 그를 뚫어지게 바라봤다.

"확실하진 않지만 있을지도 모르겠습니다."

"그 사람을 조심하세요. QN은 당신 인생에 매우 위험한 존재가 될 겁니다."

나는 그의 말을 믿었다. 그의 눈빛과 말하는 태도에서 그래야 할 것 같다는 인상을 받았다. 놀랍게도 로스앤젤레스에 돌아오자마자 회사 고위 임원인 로빈 배리스Robin Barris가 나를 불러서 이렇게 말했다.

"퀸Quinn이 뭔가를 찾아냈어요. 우리가 이사할 좋은 장소를 찾았대요. 벨 에어에 있는 사무실을 10년간 임대하는 거예요."

퀸은 사무실을 찾는 데 도움을 얻기 위해 고용한 컨설턴트의 이름이었다.

"벨 에어? 거기를 어떻게 찾았대요?"

벨 에어는 꽤 외진 곳인 데다가 엔터테인먼트 회사가 모인 산타 모니카나 윌셔 대로와는 달리 대부분 주거단지들만 있었다. 로빈은 퀸(게다가 그의 성은 N으로 시작한다)이 친척을 통해서 그 건물에 대해 들었다고 설명했다.

"좀 더 자세히 조사해줄래요? 퀸이 아주 괜찮은 공간이라고 했고 또 10년 정도면 임대차 계약을 체결하기에 합당한 기간이지만 우리가 소유하지도 않은 공간에 지나치게 많은 돈이 드는 것도 사실이니까요. 저 건물 소유자는 누구죠?"

알아보니 임대료를 받게 될 사람은 다름 아닌 퀸 본인이었고 부동산 중개인은 그의 대학 친구였다. 우리가 10년 동안 임대료를 지불한다면 그 기간이 끝난 뒤 그들이 그 돈으로 건물을 소유하게 될 터였다. 이 사실을 알고 서류에 서명하는 걸 간신히 피할 수 있었다. 우리는 퀸을 해고했고 퀸은 아무런 항의 없이 떠났다. 자기 음모가 발각됐다는 걸 눈치챈 것이다.

이런 이야기는 언제나 우연의 일치처럼 느껴지곤 한다. 세상에는 QN이라는 이니셜을 가진 사람들이 많다. 홍콩에서 특별히 어떤 신성하거나 신비로운 힘이 작용한 것은 아닐 것이다. 하지만 어쨌든 나는 그곳에서 만난 전문가 형제의 말을 듣고 도움을 받았다. 정보는 언어를 초월한 수많은 방법으로 전달된다. 그게 바로 풍수지리의 원리고 풍수지리 전문가와 나눈 대화의 주제도 그것이었다. 우리는 보통 말로 대화를 나누지만 관심과 의도를 통해서도 의사소통이 이뤄질 수 있다. 무엇이 그의 말을 믿으라고 해줬는지 누가 알겠는가? 나는 그것이 눈빛의 힘이라고 생각한다.

눈빛은 만국에서 통한다

나는 여행을 많이 다닌다. 하지만 여행지에서 사용하는 언어는 거의 모른다. 구어적 표현은 물론이고 비언어적 표현도 그렇다. 일례로 이스라엘 여행 중에 우리를 안내해주던 이스라엘인 가이드가 길에서 그의 친구와 마주친 적이 있다. 가이드는 거친 손길로 친구의 양 볼을 움켜쥐었다. 두 사람이 웃으면서 시끄럽고 활기찬 대화를 즐기는 동안 가이드는 친구의 볼을 잡고 위아래로 흔들어댔다. 그 모습을 본 나는 베로니카에게 친구가 나한테 저런 짓을 하면 폭행을 당한다고 느꼈을 거라고 말했다.

이처럼 문화권마다 의사소통을 할 때 눈을 마주치거나 몸짓언어를 사용하는 방식은 모두 다르다. 따라서 나는 외국에서 비언어적 정보에 극도로 주의를 기울이면서 신중하게 행동하려고 노력한다. 낯선 곳에서 만난 사람들과 강력하고 의미 있는 인간관계를 맺고 싶다면 반드시 그래야만 하며 그런 관계를 맺는 게 내 여행의 목적이기도 하다.

지금부터 할 이야기가 대표적인 예다. 몇 년 전 나는 베로니카와 함께 미얀마에 갔다. 그곳에서 우리를 안내해줄 키키라는 멋지고 현명한 50대 미얀마 여성과 만났다.

미얀마는 여행으로 방문하기 쉬운 곳이 아니다. 미얀마는 끔찍한 인권 유린과 군사정권, 정치 탄압으로 가득한 역사를 지니고 있다. 나중에 알게 된 일이지만 키키도 이런 격변과 공포 속에서 성장했다고 한다. 그의 아버지는 오랫동안 감옥에 갇혀 있었다. 하지만 키키는 미얀마가 아름답다고 여겼고 가이드로서 여행객들이 미얀마의 경이로움을 경험하기를 바랐다.

우리는 일주일 넘게 키키와 함께 배, 비행기, 기차, 도보 등을 이용해 그 나라를 여행했다. 북쪽에 있는 불교 사원에 갈 때도, 시골 오지에 있는 고아원과 아직도 마을 우물에서 물을 길어다 쓰는 외딴 마을을 방문할 때도 그는 우리와 함께였다. 키키는 우리가 현지인들과 진정한 교류를 할 수 있게 도와줬고 여행 내내 그만의 독특한 생각도 들려줬다.

미얀마 정부는 자기 나라를 외부인에게 소개하는 방식에 민감하다. 그래서 가이드가 되기도 매우 까다롭다. 키키는 이 일을 하기 위해 엄청나게 많은 과제를 완수하고 여러 가지 어려운 시험도 통과해야 했다. 당연한 일일지도 모르지만 그는 역사적인 문제를 이야기할 때 매우 신중한 태도를 보였다. 하지만 이와 달리 자기 가족이나 그들이 땅과 맺은 깊은 관계는 즐겁게 설명해 줬다. 우리는 키키의 시각을 통해 결코 잊지 못할 방법으로 그

나라를 경험할 수 있었다.

우리는 오랫동안 고대한 목적지인 인레 호수에 방문했다. 세계에서 손꼽히는 관광명소인 인레 호수는 두 산맥 사이의 계곡에 위치해 있다. 이 자연 그대로의 광활한 호수는 마치 유리처럼 주위의 아름다움을 고스란히 반사하는 듯했다. 기둥 위에 세워진 활기찬 마을이 곳곳에 있고 물에서 솟아오른 듯한 불교 사원의 조명이 환하게 비쳤다. 이 호수를 경험하는 가장 좋은 방법은 카누를 타는 것이라고 들었기에 우리는 현지인들이 이용하는 가늘고 긴 배를 타고 돌아다녔다.

나는 호수에서 사흘을 보내면서 마을 주민들의 일상을 지켜봤다. 직접 깎아 만든 불상, 여행 기념품, 수상정원에서 재배한 오렌지 등을 팔기 위해 현지인들이 비바람에 씻긴 낡은 배를 타고 우리 주변을 맴돌았다. 우리는 중간중간 배를 멈추고 마을에 들러 혼잡한 농산물 직판장을 방문하거나 수공예를 배웠다. 호숫가 노점에서는 소녀들이 손으로 궐련을 말고 할머니는 국수를 팔았다. 어린아이들은 막대기를 가지고 놀며 즐거워했다.

우연히 만난 한 여성이 자기 가족들과 손으로 우산을 만드는 작업장을 보여주기도 했다. 열 살도 채 안 돼 보이는 딸이 뽕나무로 펄프를 만들고 아버지는 나무로 우산 손잡이를 만들기 위해 발로 작동하는 선반을 돌렸다. 모든 부분이 다양한 가족 구성원의 손을 거쳐 만들어지고 마침내 하나로 조립돼 무지개처럼 다채로운 색과 무늬, 크기를 지닌 아름다운 우산을 완성했다. 대대로 전해 내려오는 문화적 전통을 목격할 수 있다니 퍽 감동적이었다.

어느 날 아침 한 마을에서 나이 든 여성과 이야기를 나누려고 배를 멈춘 일도 있었다. 그는 다정하면서도 호기심 어린 시선으로 우리를 살펴봤다. 키키의 통역과 그들이 보내는 조심스러운 비언어적 신호 덕분에 나는 이곳 사람들이 관광객을 거의 보지 못했다는 사실을 알게 됐다. 그는 낯선 사람인 우리를 집으로 초대해 전통 아침식사인 모힝가를 대접했다. 이런 식으로 여행 내내 다양한 인연을 끊임없이 맺었다.

인레 호수에서 보내는 마지막 날 밤, 베로니카와 나는 이 마법 같은 장소의 고요함과 공허함을 느껴보기 위해 카누를 타고 나갔다. 우리는 배에 드러누워 물 위로 겹겹이 가라앉는 붉은색과 금색 노을의 무한한 아름다움에 푹 빠졌다.

우리가 여기서 겪은 일들을 생각하자 많은 감정이 밀려왔다. 현지인들과 직접 길게 대화를 하지는 못했지만 눈을 마주치고 몸짓을 보내는 것만으로 진심으로 소통이 가능했다. 복잡하고 때로는 의심스럽기까지 한 동기를 품은 사람들로 가득한 할리우드에서 온 나는 미얀마 사람들과 투명하고 진실한 상호작용을 할 수 있다는 사실이 아주 기뻤다.

그렇게 여행이 다 끝나고 친애하는 가이드자 새 친구에게 작별 인사를 해야 할 때가 됐다. 활주로에 서 있던 나는 키키를 포옹하려고 몸을 움직였다. 미국인들이 일상적으로 하는 애정 어린 몸짓이었다. 하지만 놀랍게도 그는 뒤로 물러났다. 그래도 시선은 여전히 나를 향해 있었다. 나는 키키를 존중하는 마음으로 뒤로 물러섰다. 사과하려고 입을 열었지만 그는 너그럽게 이해한다는 시선으로 내 말을 가로막았다.

"알아요. 나도 알아요."

그 순간 나는 키키를 이해했다. 그는 친밀감을 거부한 게 아니라 단지 포옹만 거절한 것이었다. 키키는 자기네 문화권 사람들은 포옹을 하지 않는다고 설명했다. 대신 만남과 작별의 순간, 즉 감정적으로 연결되는 순간에 서로의 눈을 바라본다고 이야기했다. 눈을 영혼의 창으로 여기기 때문이다.

"우리가 알아야 하는 모든 것은 서로의 눈을 보면 알 수 있어요. 포옹은 그에 비하면 정직하지 못한 것 같아요."

눈이 애정의 깊이와 진실성을 드러낸다는 키키의 말에는 사실 과학적인 근거가 있다. 기욤 뒤센Guillaume Duchenne이라는 프랑스 의사는 진짜 미소를 지을 때만 생기는 눈꼬리의 주름이 자의적으로 움직일 수 없는 근육에 의해 만들어진다는 점을 알아냈다. 진짜 미소만이 눈가에 주름을 만들 수 있다는 것이다.

활주로에서 키키와 나눈 이야기는 감동적이었다. 휴가의 마지막을 장식했기 때문만이 아니라 다른 사람들과 관계를 맺는 새롭고 심오한 방법을 소개해줬기 때문이었다. 베로니카와 나는 비행기에 앉자마자 눈물 고인 눈으로 서로를 바라보면서 가족들과 함께 꼭 다시 미얀마에 오자고 다짐했다.

그리고 실제로 그렇게 했다. 바로 다음 크리스마스 휴가 때 아이들과 함께 미얀마 인레 호수로 여행을 갔다. 그때는 아이들의 눈을 통해 그곳을 본다는 사실 때문에 만족감이 더 컸다. 그곳을 떠날 때 우리 가족은 다들 한 가지 사실을 알고 있었다. 말할 필요도 없었다. 우리는 포옹을 하지 않을 것이다.

PART 1
눈에서 상대의 말문이 트인다

모든 관계는 눈 맞춤에서 시작된다

- 상대의 눈을 바라보면 이전과는 다른 관계가 시작된다. 사람들은 누구나 존중받기를 원하며 눈 맞춤은 상대에게 호감을 표현하는 가장 간단하고도 효과적인 수단이다.

- 온라인으로도 인간관계를 형성할 수 있지만 표면적인 관계를 넘어서 진정한 관계를 원한다면 한 번쯤 상대와 직접 대면하는 것이 좋다.

- 눈 맞춤은 상대의 취약성을 높인다. 진정성 있는 눈빛은 상대에게 내밀한 생각을 표현해도 괜찮다는 믿음을 준다.

눈빛이 곧 당신을 표현한다

- 눈 맞춤은 훌륭한 자기 홍보 수단이며 모든 사람의 눈빛은 다르

다. 같은 위치에 있는 사람이라도 개인의 성향에 따라 눈빛은 제 각각이다.

- 권력의 정점에 있는 사람들은 자신 있게 시선을 맞출 줄 안다. 이들은 눈 맞춤으로 자신의 신념을 납득시킨다.

- 눈빛은 정체성이다. 자신의 본모습을 눈빛에 담으면 말하지 않고도 존재감을 어필할 수 있다.

적절한 눈 맞춤은 강력한 영향력을 발휘한다

- 말과 몸짓 언어가 통하지 않는 문화권에서도 눈빛으로는 소통이 가능하다. 대화에서 정보는 언어를 초월해 전달되며 그중에서도 눈 맞춤은 가장 간단하고 기초적인 수단이다.

- 언제나 눈 맞춤이 옳은 것은 아니다. 지나치게 시선을 맞추는 것을 무례한 것으로 여기는 문화권이 있으며 때로 눈을 맞추지 않는 것이 더 효과적인 경우도 있다.

- 내가 눈을 맞추는 상대가 누구인지 먼저 파악하자. 무작정 눈을 맞추기보다는 내가 그에게 전달하고자 하는 것이 무엇인지 생각하고 그 메시지를 눈빛에 담으려고 노력하자.

마음을 흔드는
대화의 기술

CHAPTER 5

친구가 되는 데도
준비는 필요하다

"

당신의 머리나 전략이 아무리 뛰어나도
뭐든지 다 혼자서 하려고 들면
반드시 팀에게 지게 될 것이다.

"

_ 리드 호프먼Reid Hoffman

나는 20대 초반에 워너 브라더스의 하급 법률사무원으로 일을 시작했다. 내가 하는 일은 대부분은 그 도시 주변에 사는 미디어 업계의 중요한 사람들에게 서류를 전달하는 것이었다. 한 마디로 힘들고 단조로운 일이었다. 그때 나는 궁금한 것들이 정말 많았다. 할리우드라는 세계는 어떤 식으로 움직일까? 내가 이곳에 계속 머물러야 할까? 여기서 뭘 해야 할까? 어떻게 길을 만들어나가는 게 좋을까?

생각보다 쉽게 답을 찾았다. 나는 곧 어떻게 하면 지루한 직업을 신나는 기회로 바꿀 수 있는지 알게 됐다. 당시 나는 매일 유명하고 영향력 있는 사람들이 있는 사무실을 여기저기 돌아다녔다. 그때 만난 비서들에게 "지금 배달하는 긴급 서류를 내가 직접 당신 상사에게 건네주지 않으면 무효"라고 말했다. 그렇게 작가, 감독, 제작자, 스튜디오 책임자, 에이전트 등 영화산업의 모든 노하우를 이해하도록 도와줄 수 있는 사람들과 직접 대화를 나눴다.

나는 날마다 이 업계에서 새로운 사람을 한 명씩 만나겠다는 목표를 세웠다. 금방 그 목표를 달성한 뒤 2주마다 할리우드 외부 인사를 한 명씩 만나겠다는 두 번째 목표를 추가했다. 상상했던 것 이상으로 좋은 경험이었다. 일과 관련된 정보를 얻을 뿐만 아니라 그들과 의미 있는 교류도 했다. 이 덕분에 많은 영감과 용기를 얻고 세상에 대해 더 많이 알고 싶다는 생각도 커졌다. 그리고 이렇게 새로운 것을 배우기 위해 낯선 이들과 나누는 대화를 호기심 대화라고 불러왔다.

시간이 흘러 만남에 관한 목표는 포기했지만 지난 40년간 호기심 대화를 중단한 적은 없다. 관심 있는 사람들을 찾아가 한 시간만 같이 앉아서 이야기를 나눠도 되겠느냐고 물어보기도 하고 일주일 새에 새로운 사람을 여러 명 만나기도 했다. 내 마음의 지평을 넓히고 세상에 대한 시각을 바꿔줄 터닝 포인트를 갖기 위해서다.

호기심 대화를 어떻게 성공시켰는지 궁금한가? 호기심 대화를 할 때는 이 행위가 상대에게도 도움이 된다는 점을 어필하는 게 중요하다. 그래야 그도 적극적으로 대화에 참여한다. 따라서 나는 상대방이 진지하게 고민하면서 새로운 통찰을 얻을 수 있는 질문을 던지려고 노력한다. 또 그들이 유용하다거나 흥미롭다고 여길 만한 선물이나 지식을 제공한다. 가령 조지 W. 부시와 만났을 때는 그가 좋아하는 텍사스를 배경으로 하는 드라마

〈프라이데이 나이트 라이츠〉의 로고가 새겨진 야구 모자를 선물했다. 닥터 드레와 만날 때는 영화 〈엑소더스〉의 주제곡에 관해서 이야기하려고 했다. 그의 음악에 아름답고 극적인 선율이 많이 들어가니까 그런 대화를 좋아하리라고 여겼던 것이다.

이처럼 상대방에게 도움이 되는 대화를 나누고 싶다면 우선 진심으로 상대방을 알고 싶어 해야 한다. 그 사람의 입장이 돼 그가 관심 있어 하고 좋아할 만한 것을 떠올려보자. 상대와 나의 공통점을 찾아보자. 어떤 대화든 그 대화를 진지하게 여기고 하나하나가 인생을 바꿀 극적인 기회라고 생각해보자. 내가 먼저 이런 태도로 다가가면 상대도 같은 마음으로 응답할 것이다.

상대의 정보를 최대한 많이 모아라

영화를 만드는 건 힘든 일이다. 그래서 나는 되도록 진정성이 느껴지는 관계를 맺을 수 있는 사람들과 일하려고 한다. 리즈 아메드Riz Ahmed와 일하게 된 계기도 비슷했다. 그가 주연한 텔레비전 드라마 시리즈 〈더 나이트 오브The Night Of〉를 보고 나는 그를 만나봐야겠다는 생각이 들었다. 영국계 파키스탄인인 아메드는 이 작품으로 에미상 남우주연상을 받은 최초의 아시아계 배우이자 이슬람교 신자가 돼 역사를 다시 썼다.

나는 살면서 온갖 다양한 방식으로 소통하는 다양한 사람들과 수천 번의 만남을 가졌다. 그중 몇몇은 속을 알기가 쉬웠지만 어떤 사람들은 관계를 맺기조차 어려웠다. 아무리 그들에게 집중하고 배려하고 괜찮은 질문을 던져도 마음의 문을 닫아걸었다. 그런 사람들은 주로 단답형으로 이야기하거나 전반적으로 만남에 관심이 없는 듯 반응한다. 이런 사태를 방지하기 위해 나는 늘 함께 이야기할 사람에 대한 배경지식과 그들의 관심을 유도할 만한 주제를 갖추려고 노력한다.

이런 준비가 과하게 보일지도 모르지만 관계를 가꾸는 데 꼭 필요한 일이다. 일에서도 마찬가지다. 잠재적 고객과 회의할 때 나는 항상 내가 어떤 제안을 할지, 대화에 어떤 내용을 추가할지, 공통적인 관심사는 무엇인지 생각해보는 데 많은 시간을 쏟는다. 내가 상대방의 관심 분야에 대해 잘 알고 있다는 인상을 주면 그들도 어느 정도 이해받고 있다고 느낄 가능성이 크다. '와, 당신이랑 통하는 데가 있네요. 그거 뭔지 알아요! 나도 똑같이 느끼니까요!'라는 기분이 들면 협력하고 싶은 욕구도 생긴다.

아메드를 만나기 전에도 이런 조사 작업을 했다. 그 결과 뛰어난 연기력은 그를 슈퍼스타로 만든 수많은 요소 중 하나일 뿐이라는 것을 깨달았다. 아메드는 인종 프로파일링(피부색이나 인종 등을 기반으로 용의자를 추적하는 수사 방법-옮긴이), 미디어의 인종차별, 이민 반대 정서 등과 맞서싸워왔다.• 또한 아메드는 옥스퍼드 대학교에 다닐 때 매주 클럽 나이트를 주최하고 사회를 맡으면서 음악 경력을 시작했다. 현재는 힙합 그룹 스웻 샵 보이즈 Swet Shop Boys의 멤버로 활약 중이며 로힝야족과 시리아 난민 어린이의 인권을 대변하는 활동을 펼치고 있다.

아메드는 우리가 만날 장소로 맨해튼 서쪽에 있는 작고 소박한 식당을 골랐다. 그가 식당에 들어서자 그의 독특한 에너지와 존재감이 뚜렷하게 드러났다. 나는 그가 이 만남에서 뭔가 중요한 말을 하리라는 걸 바로 알아차렸다. 감정이 풍부한 그의 눈에서 엄청난 인류애가 느껴졌다. 그는 난민에 대한 무관심에 격분하면서 우리가 그들을 지지해야 하는 이유를 열정적이고 설득력 있게 주장했다.

• Jill O'Rourke, "For Riz Ahmed, There's a Difference Between 'Diversity' And 'Representation' In Media(리즈 아메드의 경우, 미디어의 '다양성'과 '표현' 사이에는 차이가 존재한다)", *A Plus*, 2018년 10월 10일, https://articles.aplus.com/film-forward/riz-ahmed-trevor-noah-diversity-representation/.

나는 창작에 관한 이야기를 하기도 전에 벌써 그와 연결된 기분을 느꼈다. 그의 영혼에 이끌렸고 우리가 힘을 합쳐 뭔가 의미 있는 걸 만들어낼 수 있을 거라고 확신했다. 실제로 어떤 프로젝트를 시작했다 안타깝게도 잘되지는 못했지만 많은 것을 준비한 덕에 그와 더 쉽게 연결되는 느낌을 받았다.

첫 만남에서 아메드는 나에게 난민들을 위해 다른 목적 없이 오로지 진정한 인간성을 추구하는 일을 하자고 이야기했다. 난민들과 연결될 인간적인 다리를 놓자는 것이었다. 위선과 허풍이 가득한 할리우드에서 진심으로 타인과 교감할 기회를 찾는 그가 더욱 순수하면서도 매력적으로 느껴졌다.

새로운 사람을 만날 때 어떠한 편견도 가지지 말고 지금 내 앞에 앉아 있는 상대방을 이해하겠다는 마음가짐으로 다가가자. 그가 말하는 모든 이야기가 더 쉽게 와닿을 것이다.

진정성은 성공의 열쇠

직관에 어긋나는 이야기처럼 들릴지도 모르지만 나는 종종 개인적인 연줄을 바탕으로 최고의 결정을 내리곤 한다. 내가 누군가를 신뢰하고 그에게 감명과 영감을 받는다면 경험적인 증거가 있든 없든 상관없이 모든 게 제자리로 돌아갈 절호의 기회를 잡을 수 있다고 믿기 때문이다.

요즘 할리우드의 여러 스튜디오와 미디어 플랫폼, 네트워크 경영진은 최대한 적은 비용으로 관객을 만족시킬 수 있는 완벽한 공식을 제시하려는 경향이 있다. 이런 시스템에서는 예술가들도 쉽게 무너진다. 하지만 나는 진실하고 믿음직한 관계에서 히트작이 탄생한다고 믿는다. 배우든 작가든 작곡자든 다른 분야의 창작자든 관계없이 말이다.

다른 사람과 일할 때는 상대의 인간적인 됨됨이를 파악하고 그가 전달하고자 하는 것과 그 메시지를 전달하려는 이유를 이해해야 한다. 내가 함께 일할 만한 사람이라는 걸 상대가 알게 되면 그도 진심으로 화답할 가능성이 크다. 에디 머피와의 만남이 대표적인 예다.

1980년대 초반 에디 머피는 눈부신 성공을 거두고 있었다. 나는 〈48시간〉으로 스크린에 데뷔해 〈비버리 힐스 캅〉으로 슈퍼스타가 된 그를 만나고 싶어 죽을 지경이었다.

마침내 1987년, 스탠드업 코미디 콘서트 〈로우Raw〉로 전국 투어를 하며 인기를 끌던 머피를 만날 기회가 생겼다. 머피는 엄청난 존재감과 자석 같은 카리스마를 지닌 사람이었다. 그의 모든 것이 충격적이고 독창적이며 용감했다. 그를 좋아하지 않을 수가 없었다.

나는 머피가 어떤 사람인지 더 자세히 알고 싶어졌다. 당시 그는 파라마운트와 전속 계약을 맺고 있었는데, 나는 회사와 머피가 서로에게 질렸다는 느낌을 받았다. 머피는 회사 시스템에 대한 신뢰를 잃었고 회사가 자기를 제대로 활용하지 않는다고 느꼈다. 그래서 머피의 법무대리인이자 내 친구였던 스킵 브리튼햄Skip Brittenham에게 전화를 걸어 만남을 주선해달라고 부탁했다.

사실 거물급 감독이나 영향력이 큰 회사 간부들조차 머피 같은 할리우드 스타와는 시선을 맞추려고 하지 않는다. 나는 절대 그런 실수를 하지 않을 작정이었다. 그래서 머피를 만났을 때 그의 맞은편에 앉아 몸을 앞으로 기울이고 과감하게 눈을 맞춰 시선을 끌었다. 진짜 머피는 어떤 사람인지, 그에게 중요한 건 무엇인지 순수하게 알고 싶었다.

나는 머피에 대한 관심을 내비치며 그의 눈을 정면으로 바라봤다. 그리고 호기심 대화를 시작했다. 회사나 계약, 돈에 대한 이야기를 하기보다는 배우, 코미디언, 음악가, 예술가로서 그가 흥미를 느끼는 것과 하고 싶어 하는 것을 물어봤다. 작품에 대한 그의 가치관과 새로운 아이디어를 공유했다.

머피는 솔직하지 못한 의도를 간파하는 예리한 안테나를 가지고 있었다. 그리고 그는 내 눈빛과 몸짓, 목소리 톤을 통해 나에게 전혀 사심이 없다는 걸 알아차렸다. 머피는 서서히 나와의 관계에 마음을 열었고 처음으로 함께 마주 앉은 그 자리에서 우정이 싹트기 시작했다.

대화를 계속하면 할수록 머피와 내가 같은 목표를 갖고 있다는 것이 분명하게 드러났다. 그 목표는 바로 최고의 이야기가 담긴 최고의 영화를 만들자는 것이었다. 코미디, 음악, 영화 등 다양한 예술 분야에서 천부적인 재능을 발휘하는 그에게서 아이디어가 끝없이 샘솟았고 우리는 그 아이디어를 놓고 몇 시간씩 이야기를 나눴다.

그 이후 나는 머피와 함께 영화 다섯 편과 텔레비전 드라마 시리즈 하나를 만들었다. 그 작품들은 전부 창의적이라는 평가를 받거나 대중적으로 성공했거나 이 두 가지 성과를 동시에 거뒀다. 첫 번째 만남이 이뤄지지 않았다면 이런 성공은 영원히 일어나지 않았을 것이다.

세상의 모든 좋은 관계가 다 그렇듯 가장 성공적인 관계는 진정성에서 시작된다. 숨겨진 속셈 없이 진실한 모습과 상대방에 대한 진정한 호기심, 존중하는 태도를 보여줘야 인간관계를 맺을 수 있다. 그렇게 형성된 관계는 머피와 나의 관계처럼 서로의 내면에서 최고의 모습을 끄집어내 큰 가치를 창조해낸다.

CHAPTER 6

강력한 비전이
상대를 움직인다

"

바깥을 내다보는 사람은 꿈을 꾸고
안을 들여다보는 사람은 각성한다.

"

_ 카를 융Carl Jung

사람들은 늘 내게 좋은 영화는 어떻게 만들어지는지 묻는다. 무대 뒤에서는 실제로 무슨 일이 벌어지는가? 사실 영화 제작 과정은 보통 사람들이 생각하는 것보다 훨씬 화려하지 않은 경우가 많다. 그리고 영화 및 텔레비전 프로그램 제작자인 나는 독창적인 아이디어가 탄생하는 순간부터 그게 스크린에 구현될 때까지 전 과정을 보살핀다.

제작자는 매번 원점에서 다시 시작한다는 점에서 기업가와 매우 비슷하다. 사실 영화는 위험한 사업이다. 성공한다는 보장은 없고 장애물만 무수히 많다. 새로운 프로젝트를 시작할 때마다 자금을 제공하는 사람부터 배우와 관객에 이르기까지 저마다 다른 사고방식과 관심사, 아이디어를 지닌 모든 유형의 사람들이 매력적으로 여길 만한 강력한 논거를 제시해야 한다. 당연한 이야기지만 그 과정에는 많은 협상이 필요하다. 이때 협상에 성공하려면 절대적으로 필요한 두 가지가 있다. 내가 확실하게 믿는 구체적이고 설득력 있는 비전과 다른 사람들과 강한 유대감을 형성하는 능력이다.

비전은 사람을 감동시킨다

먼저 비전에 대한 시각을 살펴보자. 영화나 텔레비전 프로그램에 관한 아이디어는 언제 어디서나 떠오를 수 있다. 때로는 제작자의 개인적인 경험에 뿌리를 두기도 하고 때로는 모두가 공감하는 보편적인 주제를 다루기도 한다.

　내가 처음 만든 영화 〈스플래쉬〉와 〈뉴욕의 사랑〉은 매우 개인적인 주제를 다룬 것이다. 진정한 사랑을 찾아 헤매던 내 헛된 노력이 한 남자가 인어와 사랑에 빠지는 이야기를 다룬 로맨틱 코미디 영화 〈스플래쉬〉에 영감을 줬다. 〈뉴욕의 사랑〉에 대한 아이디어는 직장을 구했다가도 금세 잘리는 내 능력을 한탄하면서 얻은 것이다. '내가 구할 수 있는 최악의 직업이 뭘까'라는 질문에 매춘 조직을 운영하고 밥 먹듯 해고당하는 시체안치소 야간 근무자라면 답을 해줄 것 같았다.

　나는 새로운 영화를 시작할 때 그 이야기에 대한 중요한 질문을 몇 가지 던진다. 콘셉트, 등장인물, 주제, 사명, 내면의 개인적 열정을 비롯한 이 이야기의 중심축은 무엇인가? 이 이야기가 청중들에게 어떤 생각이나 감정을 불러일으키기를 원하는가? 왜 이 이야기를 통해서 그런 생각이나 감정이 생기는 걸까? 왜 이 이야기가 존재하는가? 그리고 이것이 왜 개인적으로 중요한가?

〈뷰티풀 마인드〉가 대표적인 예다. 이 영화는 노벨 경제학상을 받은 경제학자이자 조현병 환자인 존 내시John Nash의 이야기를 담은 영화다. 나는 정신장애를 비롯한 모든 종류의 장애에 대한 오명을 벗기기 위해 이 영화를 만들었다. 이건 나에게 개인적으로 매우 중요한 임무였다. 지금 서른두 살인 내 아들 라일리가 자폐 스펙트럼 장애를 앓고 있기 때문이다.

라일리가 초등학교에 다닐 때였다. 아들이 음료수를 가지러 간 사이에 아이들이 아들의 도시락을 숨기는 모습을 우연히 학교 울타리 너머에서 본 적이 있다. 테이블로 돌아온 라일리를 보고 아이들이 낄낄대자 라일리는 혼란에 빠져 당황스러워했다. 그 모습을 보니 가슴이 갈기갈기 찢길듯이 아팠고 이 상황을 바로잡기 위해 뭔가를 하고 싶었다. 남들과 다른 사람에게 공감과 연민을 불러일으킬 수단이 될 이야기를 해야겠다고 결심했다. 이런 개인적인 동기로 인해 만든 영화 〈뷰티풀 마인드〉는 수많은 사람들의 마음을 흔들었다. 이렇게 내가 중요하다고 믿는 비전이 상대를 움직인다.

작가 사이먼 사이넥은 이렇게 말한다. "사람들은 당신이 하는 일에 이끌리는 게 아니라 당신이 그 일을 한 이유에 이끌린다.

그리고 당신이 하는 일은 곧 당신의 신념을 증명한다."* 영화나 텔레비전 프로그램을 만들 때는 스튜디오, 투자자, 작가, 감독, 배우, 제작자 등 헌신적인 사람들로 구성된 팀 전체가 함께 일해야 한다. 그리고 만약 내가 내 비전을 믿지 않거나 제대로 설명하지 못한다면 다른 사람들도 그걸 믿고 전념할 수 없다.

성공하고 싶다면
신뢰할 만한 비전을 구축하라

그렇다면 어떻게 해야 사람들을 프로젝트에 끌어들일 수 있을까? 신뢰할 만한 관계를 구축하는 것은 영화뿐만 아니라 거의 모든 아이디어의 성패를 좌우한다. 〈아메리칸 갱스터〉가 그 완벽한 예다.

90년대 초 범죄 전문 유명 기자 닉 필레기Nick Pileggi와 처음 만났다. 그는 자신의 소설 《마피아 족속Wiseguy: Life in a Mafia Family》

---

* 사이먼 사이넥, "How Great Leaders Inspire Action(훌륭한 리더는 어떻게 행동을 이끌어내는가)", TEDx Puget Sound, 2009년 9월, https://www.ted.com/talks/simon_sinek_how_great_leaders_inspire_action?language=en/.

를 영화화한 〈좋은 친구들〉의 대본 공동 집필을 막 마치고 영화 〈카지노〉의 시나리오를 쓰려는 참이었다. 나는 필레기의 20세기 범죄에 대한 해박한 지식과 여러 마피아 보스나 범죄단체 구성원들과 친분을 쌓는 능력에 매혹됐다. 어찌된 일인지 그는 평범한 언론인으로서는 보통 들어갈 수 없는 세계에 발을 들여놓을 만큼 범죄자들의 신뢰를 얻었다.

처음 만났을 때 필레기는 키가 크고 머리가 벗겨져 있었고 크고 둥그런 안경을 썼다. 모든 면에서 지적인 분위기가 감돌았고 조용하고 꾸밈없는 느낌이 마음에 들었다.

대화는 수월하게 진행됐다. 우리 둘 다 상대방의 작품과 세계에 지대한 관심이 있었기 때문이다. 나는 그가 아주 잘 아는 지하세계에 관해 더 많이 알고 싶어서 대화에 귀를 기울였다. 또한 고민해서 대답해야 하는 질문을 던졌다. 이런 노력 덕분에 그도 내 진정성과 관심의 정도를 느낀 듯했다.

나는 왜 범죄자들이 필레기에게 마음을 여는지 쉽게 알 수 있었다. 필레기는 상대의 말에 귀 기울일 줄 아는 사람이었다. 또한 이야기의 결정적인 부분을 강조하려고 목소리를 높일 때조차 그는 전혀 위협적이지 않았다. 그는 솔직하게 대화를 이어가면서 계속 나와 눈을 마주쳤다.

필레기의 눈빛은 따듯했지만 모든 걸 보여주지는 않았다. 어느 순간 그가 자신을 방어하는 게 느껴졌다. 당연한 일이었다. 범죄와 마피아 이야기의 모든 게 기밀이었다. 나는 이 만남이 일종의 시험이라는 느낌을 받았다. 그는 자기가 얼마나 멀리까지 갈 수 있고 내게 어느 정도 선까지 말할 수 있는지, 대화를 계속할 건지 아니면 도중에 자리를 뜰 건지를 가늠하고 있었다. 나는 그가 매우 명확하고 완고한 가치관과 경계를 가지고 있음을 직감했고 그 점을 높이 평가했다.

함께 이야기를 나눈 저녁시간 내내 우리는 서로의 눈을 마주보면서 평범하고 재미있는 이야기부터 깊고 강렬한 이야기까지 다양한 주제로 대화를 나눴다. 그렇게 시간이 흘러가는 동안 우리는 속으로 서로에 대한 정보를 처리했다. 나는 필레기에게 말로는 잘 설명할 수 없는 신뢰를 느꼈다.

우리는 앞으로 계속 연락하기로 하고 작별인사를 나눴다. 겉치레 인사가 아니었다. 그날 우리는 이탈리아식 집밥 같은 느낌의 저녁 식사와 키안티 와인 한 병을 놓고 수년에 걸쳐 형성될 만한 유대감을 쌓았다.

그 뒤로 필레기와 나는 연락을 지속했다. 첫 만남 이후 10년 뒤, 어느 날 그가 전화를 걸어 영화로 제작할 만한 이야기가 있다고 말했다. 그는 우연히 잡지에서 프랭크 루카스Frank Lucas의 기사를 읽었다. 루카스는 70년대 미국에서 가장 세력이 크고 영향력이 강했던 헤로인 거래상 겸 폭력배였다.

노스캐롤라이나 시골에서 가난하게 자란 루카스는 1946년에 뉴욕으로 건너갔다. 그는 술집과 보석상을 털기 시작했고 제대로 돈을 벌기 위해 마약 거래에도 손을 댔다. 그리고 이탈리아 마피아와 흑인 범죄 조직을 모두 상대하면서 암흑가에서 지위를 쌓아가기 시작했다. 베트남 전쟁이 한창이던 시기, 경쟁 조직을 붕괴시키기 위해 동남아시아의 양귀비밭을 직접 찾아가 중국의 전설적인 마약왕 루에치 루비왓Luetchi Rubiwat을 직접 만나 계약을 맺고 미국 마약 제국의 우두머리가 됐다. 결국 루카스는 체포돼 연방법원에서 40년, 주법원에서 30년 형을 선고받았다.*
하지만 수사기관에 협력해 100명 이상의 범죄자 체포에 기여한 공으로 몇 년 만에 석방됐다.

루카스에 관한 기사를 읽은 필레기는 호기심이 생겼다. 필레기는 감옥에 있는 프랭크를 면회할 수 있는 특별 허가를 얻은

---

* "The City: U.S. Jury Convicts Heroin Informant(더 시티: 미국 배심원단이 헤로인 밀매 정보원에게 유죄 선고)", *New York Times*, 1984년 8월 25일.

뒤 그와 함께 시간을 보내면서 그에 대해 알아갔다. 필레기는 루카스가 마약 관련된 일을 한 범죄자이지만 매력적인 사람이라고 생각했다. 둘은 점점 친해져 신뢰를 쌓았고 필레기는 루카스 아들의 학교 등록금 1만 달러를 주기도 했다.

필레기의 말을 들은 나는 루카스에 대한 관심이 솟구쳤다. 그들에게 당장 만나자고 했고 며칠 뒤 회사 회의실 테이블 너머로 미국 역사상 가장 악명 높은 악당을 처음 만나게 됐다. 루카스는 보스의 풍모를 지닌 사람이었고 위풍당당한 존재감과 카리스마 넘치는 분위기 때문에 전설 같은 그의 이야기들을 곧바로 믿을 수 있었다.

마약 조직 두목을 만나는 건 조금 긴장되는 일이었다. 루카스는 꽤 오랜 시간을 감옥에서 보냈다. 가장 최근에는 헤로인 밀매로 7년간 복역했고 폭력사범으로 복역한 적은 없지만 살인을 저질렀다고 시인했다 부인한 적도 있었다.* 그러나 그에 대해 더 알고 싶다는 호기심이 계속 생겼다. 루카스는 어떤 사람일까? 얼굴을 맞대고 그의 이야기를 들을 수 있을까? 그걸 영화로 잘

---

* Mark Jacobson, "The Return of Superfly(슈퍼플라이의 귀환)", *New York Magazine*, 2000년 8월 14일, http://nymag.com/nymetro/news/people/features/3649/

녹여내는 게 가능할까? 그의 이야기 어디에서 공감되는 메시지를 찾을 수 있을까?

루카스는 나를 똑바로 바라봤다. 그가 이야기를 시작하자 나는 상대를 간파하려는 강한 시선으로 그의 눈빛을 맞받았다. 그리고 대화 중간에 몸을 앞으로 내밀면서 그에게 사람을 죽인 적이 있느냐고 단도직입적으로 물었다. 그는 정확하게 살인을 시인하지는 않았지만 충격적인 폭력행위를 비롯해 그간 벌어진 여러 가지 사건들을 놀라울 만큼 생생하게 묘사했다. 그와 동시에 가족에 대한 헌신과 어머니에 대한 깊고 변함없는 사랑에 대해서도 이야기했다.

루카스의 스토리는 반문맹인 흑인 남자가 살아남는 방법뿐만 아니라 가난과 잔인한 현실을 이기고 성공하는 방법을 담고 있었다. 나는 이 이야기를 영화로 만들어야만 한다고 생각했다. 그래서 바로 그 방에서 그 이야기를 사들였다.

루카스와 계약 조건을 정할 차례였다. 당연한 이야기지만 그는 항상 많은 돈을 추구하면서 살아왔고 계속해서 우리를 조금이라도 더 쥐어짜 최대한 큰 돈을 뽑아내려고 했다. 이제야 밝혀진 이야기지만 루카스는 당시 자신의 이야기를 영화로 만들 거라는 계획을 진심으로 믿지도 않았다. 나는 그의 눈을 똑바로 바라보면서 말했다.

"이봐요, 나는 아주 괜찮은 영화를 제작한 기록을 가지고 있습니다. 나를 믿고 또 영화가 잘 만들어질 거라고 믿으면, 당신에게 매우 유리한 수입 흐름이 생길 겁니다. 지금 계약금을 받고 나중에 판매 대금을 받은 다음, 흥행 결과에 따라 보너스도 받게 될 겁니다."

결국 루카스는 우리와 계약을 맺었다. 하지만 〈아메리칸 갱스터〉는 순조롭게 만들어지지 않았다. 다음 단계는 세계 최고의 시나리오 작가를 찾는 것이었다. 필레기와 나는 둘 다 〈쉰들러 리스트〉로 오스카상을 수상한 스티븐 제일리언Steven Zaillian이야말로 우리가 찾는 사람이라고 확신했다.

필레기의 개인적인 친분으로 제일리언에게 연락을 취했지만 그는 우리가 던진 미끼를 곧바로 물지 않았다. 그가 실제로 이 일에 참여하기로 결심하기까지는 3년 6개월이라는 시간이 걸렸다. 그동안 우리는 계속 그에게 전화를 걸어 우리의 비전을 설명하거나 자료를 보냈다.

제일리언이 최대한 진정성 있고 사람들의 마음을 사로잡는 대본을 쓰려면 루카스와 그가 서로를 알아야 할 필요가 있다는 걸 깨달았다. 루카스는 다른 사람들을 거의 믿지 않았지만 필레기만은 믿었다. 그리고 필레기와 제일리언은 친분이 있었기 때문에 나는 몇 달간 필레기를 고용해서 시나리오 작가와 그의 인터뷰 대상이 서로 가까워질 수 있도록 돕게 했다.

이런 노력 끝에 루카스는 제일리언 앞에서도 상당히 편안히 있을 수 있게 됐다. 루카스는 제일리언을 위해 폭력배들이 살아가는 그늘진 암흑가의 모습을 설명하면서 그곳에서 작용하는 힘의 역학관계에 관한 보기 드문 통찰을 안겨줬다. 제일리언은 필레기의 도움을 받아가면서 멋진 대본을 집필했다. 그가 쓴 대사 하나하나마다 천재성이 빛을 발했고 그의 뛰어난 아이디어는 전부 놀랍도록 독창적이고 세련돼서 우리의 기대를 훌쩍 뛰어넘었다.

다음은 영화를 감독할 제작자를 섭외할 차례였다. 〈에일리언〉, 〈블레이드 러너〉, 〈글래디에이터〉의 감독인 리들리 스콧Ridley Scott이 일순위였다. 제일리언과 친분이 있었던 스콧은 기꺼이 대본을 읽었지만 감독 제의는 단칼에 거절했다. 결국 다른 감독 몇 명에게도 물어봤지만 아무도 그 영화에 좋은 인상을 받지 못했다. 1년 후에 다시 제안을 했지만 이번에도 싫다고 했다.

결국 다른 감독을 섭외했지만 제일리언이 쓴 대본은 너무나 길고 제작비도 많이 들어서 스튜디오에서 제작을 거절했다. 하지만 제일리언은 대본을 줄일 생각이 없었다. 영화를 만드는 게 극도로 어려워지고 있었다. 다른 선택지가 다 사라진 상황에서 내게 남은 유일한 방법은 현대 영화사에서 가장 위대하고 뛰어난 시나리오 작가를 해고하는 것뿐이었다. 당연히 그는 내게 화를 냈고 나는 앞으로 다시는 그와의 관계를 회복할 수 없을 거라고 생각했다.

결국 테리 조지Terry George라는 영화감독 일도 겸할 수 있는 시나리오 작가를 찾아 대본을 줄인 다음에야 제작에 들어갈 수 있었다. 하지만 스튜디오에서 따온 예산은 원래 생각했던 금액의 절반밖에 되지 않았다. 그 돈으로 영화를 촬영하려면 내용에서 가장 중요하고 상징적인 장면들을 전부 삭제해야 했다. 이런 상황에서 '이렇게 하면 아주 훌륭한 영화를 만들 것이다'라고 다른 사람을 속일 수는 없었다. 제일리언의 대본이 간절하게 필요했고 수많은 사과와 애원 끝에 신뢰를 회복하고 그를 복귀시켰다.

감독도 문제였다. 당시 〈트레이닝 데이〉를 만든 상업감독 앤트완 후쿠아Antoine Fuqua를 고용했다. 이와 동시에 후쿠아와 〈트레이닝 데이〉를 함께 찍은 덴젤 워싱턴Denzel Washington이 주연을 맡기로 했다. 하지만 크랭크인까지 4주밖에 남지 않은 상황에서 제작사가 갑자기 후쿠아를 해고했다. 촬영을 시작도 하지 않았는데 시대 배경에 맞는 의상이나 소품 등을 사전 제작하는 데 3,500만 달러나 지출했다는 이유였다. 그들은 제작 비용이 끝없이 늘어나는 모습을 보고 싶지 않았다. 그래서 자금 지원을 중단하고 손실을 회수하기로 결정했다.

그날 밤 고통이 나를 엄습했다. 나는 〈아메리칸 갱스터〉의 모든 부분을 좋아했다. 영화의 배경이 된 시대, 음악, 루카스의 독창성, 수많은 역경을 딛고 살아남아 성공한다는 보편적인 주제까지 모든 것이 매력적이었다. 갱스터 영화면서 동시에 아메리칸 드림을 다룬 영화라는 점도 좋았다. 그래서 이 영화가 만들어지지 못할지도 모른다는 현실을 받아들이기가 힘들었다. 나는 깊은 절망에 휩싸였다.

하지만 다음 날 아침, 샤워를 하면서 생각이 바뀌었다. 나는 나 자신에게 속으로 이렇게 말했다.

'나는 이미 이 이야기에 깊은 영향을 받았어. 나는 이 영화를 믿어. 제일리언과 필레기도 마찬가지야. 많은 사람들이 내가 영화를 만들기를 기대하고 있지. 오늘부터 〈아메리칸 갱스터〉를 다시 시작할 거야. 스튜디오에서 뭐라고 하든 상관없어. 필요한 사람들을 찾아서 내가 설득할 거야.'

사실 나는 그때 어떻게 해야 할지 아무 생각이 없었다. 하지만 그래도 할 수 있다는 걸 알고 있었다. 20년 전 인어 영화 〈스플래쉬〉를 만들 때도 다들 불가능하다고 말했다. 하지만 결국 끈질기게 도전해 영화를 만들어냈다. 나는 〈아메리칸 갱스터〉를 쉽게 포기할 마음이 전혀 없었다. 그리고 늘 그렇듯 내가 내 비전을 믿으면 다른 사람들을 움직일 수 있다고 여겼다.

나는 어떻게든 사람들을 설득해 영화를 만들겠다고 다짐했다. 마침 할리우드에서 열린 한 파티에서 스콧을 다시 만났다. 나는 그를 보고 곧장 다가갔다. 그의 앞에서 걸음을 멈추고 숨을 들이쉰 다음 그의 눈을 똑바로 바라봤다.

"스콧, 지금까지 몇 번이나 〈아메리칸 갱스터〉를 거절한 건 알지만 제발 한 번만 더 읽어볼래요?"

놀랍게도 그는 승낙했다. 그가 나를 바라보는 눈빛을 보며 이번에는 다를지도 모르겠다는 생각이 들었다. 일주일도 안 돼 그에게서 전화가 왔다.

"하겠습니다. 그 영화를 만들어보죠. 당신 친구 워싱턴이 다시 합류해줄까요?"

"물론이죠."

영화 제작이 중단되고 후쿠아가 해고된 상황에서 워싱턴이 진짜 출연해줄지 어떨지 알 수 없었지만 그렇게 말해야만 했다.

나는 즉시 워싱턴을 만나러 갔다. 마침 그는 스콧 감독의 작품을 존경했고 고인이 된 스콧의 동생 토니 스콧Tony Scott과 일하면서 멋진 경험을 했다. 게다가 그는 여전히 〈아메리칸 갱스터〉의 비전을 믿고 있었다. 이런 이유로 워싱턴이 합류를 결정했다.

그렇게 워싱턴은 돌아왔지만 상대역인 리치 로버츠를 맡을 사람을 찾아야 했다. 그 역할을 해줄 사람이 누가 있을까? 〈뷰티풀 마인드〉를 함께 촬영한 러셀 크로우Russell Crowe가 떠올랐다. 나는 그가 리치 역할을 아주 훌륭하게 해내리라는 걸 알고 있었다. 하지만 그를 어떻게 설득할 것인가는 또 다른 문제였다. 〈아메리칸 갱스터〉의 리치 로버츠 역할은 〈뷰티풀 마인드〉나 〈글래디에이터〉 주연처럼 주목받는 역할은 아니기 때문이다. 내 제안을 받고 대본을 읽은 크로우는 나를 뚫어지게 쳐다보며 이렇게 말했다.

"그 캐릭터는 아직 완전히 개발된 상태가 아니더군요. 제대로 자리가 잡히지 않았어요."

나는 그의 시선을 맞받으면서 확신에 찬 어조로 답했다.

"곧 자리를 잡을 겁니다. 그렇게 되도록 내가 최선을 다하죠. 날 믿어줘요. 당신과 함께 영화를 만들면서 이 약속을 지키기 위해 내가 가진 모든 시간과 에너지와 자원을 다 바칠 거예요."

나는 크로우에게 내 비전을 털어놓으면서 제일리언이 그가 신뢰할 만한 대사와 캐릭터를 만들어줄 것이라고 말했다. 그의 마음에 드는 캐릭터가 만들어지기도 전에 영화 출연을 약속하는 큰 위험을 감수해달라고 부탁하는 것이었다. 하지만 결국 그는 내 제안을 받아들였다.

이제 진짜로 촬영을 시작할 준비가 됐다고 생각했지만 또 다른 난관에 부딪혔다. 보통 영화를 제작하는 스튜디오에는 예산을 승인하는 위원회가 있는데 여기서 정해진 사항은 더 이상 협상의 여지가 없다. 그리고 위원회는 새롭게 시작하는 〈아메리칸 갱스터〉에 1억 1,200만 달러의 예산을 승인했다. 하지만 스콧 감독은 그 금액은 터무니없으며 1억 2,000만 달러는 필요할 것이라고 주장했다. 제작이 다시 시작되기도 전에 협상이 결렬될 위기에 처했다. 여기까지 힘들게 왔는데 이런 사소한 문제 때문에 차질을 빚을 수는 없었다.

나는 결국 스콧을 내 사무실로 초대했다. '장군'이라는 별명이 붙을 정도로 강하고 대담하고 타협을 모르는 스콧이 소파에 앉았다. 이 소파는 L자 모양인데, 나는 평소 손님이 오면 상대의 옆모습을 볼 수 있는 맞은편 옆자리에 앉는다. 하지만 그날은 대신 그의 바로 앞에 놓인 커피 테이블 위에 앉았다. 친근하고 편한 태도가 아닌 저돌적이고 솔직한 행동이 필요하다고 판단했기 때문이다. 그와 무릎이 맞닿는 거리에서 그를 정면으로 똑바로 바라보며 말했다.

"스콧, 제발 내 말 좀 들어봐요. 스튜디오의 위원회는 우리가 1억 1,200만 달러의 예산에 일단 동의해야 일을 시작할 수 있게 해줄 거예요."

결국 스콧은 내 말을 납득했다. 그는 위원회의 결정에 동의했다. 드디어 일을 시작하게 된 것이다!

맨해튼에서 촬영을 진행했기 때문에 나는 가족을 모두 데리고 로스앤젤레스에서 뉴욕으로 1년간 거처를 옮기기로 했다. 아이들이 다닐 학교도 새로 알아봤다. 그렇게까지 한 건 처음이었지만 내 비전에 설득당한 모든 사람들을 위해서라면 이 정도는 당연하다고 생각했다.

〈아메리칸 갱스터〉는 무사히 제작돼 전 세계적으로 흥행했다. 나는 〈아메리칸 갱스터〉가 인간관계 덕분에 존재하게 됐다고 확신한다. 필레기와 저녁 식사를 하지 않았다면 루카스와도 절대 만나지 못했을 것이다. 필레기가 루카스와 돈독한 신뢰를 쌓지 않았다면 나에게 자기 이야기를 털어놓지 않았을 것이다. 스콧이 제일리언의 능력에 대한 믿음이 없었다면 감독을 맡지 않앉을 것이다. 모든 게 이런 식이었다. 서로에 대한 신뢰와 공동의 비전에 대한 끈질긴 믿음 덕분에 우리 앞에 닥친 모든 어려움에도 불구하고 〈아메리칸 갱스터〉를 탄생시킬 수 있었다.

영화를 만드는 것은 사업과 비슷하다. 교장이 새로운 교육과정을 시행하려면 학생과 교사에게 자신의 비전을 납득시켜야만한다. 새로운 애플리케이션을 만든 개발자는 열정과 확신을 안고 재무팀, 마케팅팀, 영업팀 등과 다각적으로 협력해 그들의 비전을 소비자에게 전달할 수 있어야 한다. 요리사는 고객에게 전하고자 하는 이야기가 뭔지 제대로 이해해야만 새로운 레스토랑의 콘셉트를 구현할 수 있다. 어떤 분야에서 일하건 아이디어를 현실화하려면 그 집단에 속한 이들이 서로의 능력과 공동의비전을 신뢰해야만 모두가 최선의 노력을 기울일 수 있다.

CHAPTER 7

상대의 마음을
열어주는 마법의 열쇠

"

이야기꾼들이 하는 일이 바로 그거다.
우리는 상상력으로 질서를 회복하고
계속 희망을 심어준다.

"

_ 월트 디즈니Walt Disney

"이야기 좀 해주세요!"

다들 살면서 언젠가 한 번쯤 이런 말을 해봤거나 들어봤을 것이다. 이야기는 석기시대 동굴 벽화만큼이나 오래된 동시에 슈퍼히어로 영화만큼이나 현대적이다.

이야기는 인생을 훨씬 흥미롭게 만든다. 우리는 이야기를 통해 다른 사람의 삶을 체험할 수 있고 머나먼 곳으로 달아날 수 있다. 언어와 사랑에 빠지거나 시간여행을 하는 등 불가능한 일들도 할 수도 있다. 이야기는 우리의 감성과 지성을 열어준다. 믿음부터 과학, 사랑에 이르기까지 모든 것에 타당성을 부여한다.* 이야기 속에서 우리는 삶의 의미를 찾는다.

우리는 언제 어디서든, 길에서 친구와 마주치거나 식탁에 모여 앉았을 때도 이야기를 나눈다. 인간은 사회적 존재며 이야기는 인간이 가진 가장 강력한 연결 수단이다. 이야기는 우리가 타인과 교류하고 관계를 맺어야 하는 이유를 안겨줄 뿐만 아니라

---

* Adam Gopnik, "Can Science Explain Why We Tell Stories?(우리가 이야기를 하는 이유를 과학적으로 설명할 수 있을까?)" *The New Yorker*, 2012년 5월 18일, https://www.newyorker.com/books/page-turner/can-science-explain-why-we-tell-stories/.

나 자신과 타인에 대해 알려준다. 우리는 이야기를 기억하고 이야기는 우리를 하나로 묶어준다.

공감이 대화를 지속시킨다

이야기는 주관적이다. 똑같은 이야기라도 다양한 방법으로 묘사할 수 있다. 모두가 같은 이야기에 감동하는 건 아니고 모든 이야기가 모든 사람의 마음에 와닿지도 않는다. 이건 영화, 텔레비전 산업을 비롯해 이야기를 다루는 모든 산업이 안고 있는 어려움 중 하나다.

이런 갈등 때문에 스토리 관련 업계는 독창적이고 창의적인 비전을 가진 스토리텔러가 발을 들여놓기 가장 힘든 업계라는 역설적인 결과가 생겼다. 따라서 할리우드에서 스토리텔러로 생계를 유지하려면 홍보 기술을 익혀야 한다. 그리고 그 기술은 대부분 인맥 쌓기와 관련이 있다.

스토리 회의나 홍보 회의는 엄청난 고료를 벌어들이는 시나리오 작가부터 무명의 수필가에 이르기까지 모든 작가가 경험하게 되는 절차다. 이게 어떤 식으로 진행되는지 살펴보자.

영화나 텔레비전 드라마를 제작하기에 적합한 스토리가 떠오르면 자금을 지원받거나 배급 채널을 확보하기 위해 여러 제작사나 잠재적 협력사들에게 그 아이디어를 홍보해야 한다. 그런데 미디어 업계는 경쟁이 매우 치열하다. 제작사는 하루에 30~40개 정도의 아이디어를 검토하고 기껏해야 그중 한두 개를 선택한다.

지금까지 업계에서 큰 성공을 거둔 나조차 수없이 많은 거절을 감내해야 했다. 영화 〈스플래쉬〉를 만들려고 했을 때는 하도 거절당해 그 횟수를 세는 것을 그만뒀을 정도다. 아무도 인어 영화를 원하지 않았다. 제작사 임원진들이 영화가 얼마나 바보 같은지 지적하는 걸 듣고 회의실에서 걸어 나온 게 말 그대로 수백 번도 넘었다. 그게 무려 7년이나 계속됐다.

그러던 어느 날 친구와 나눈 대화 덕분에 모든 게 바뀌었다. 그는 내게 어떻게 인어가 롱아일랜드에 사는 평범한 남자와 사랑에 빠진다는 아이디어가 생각났느냐고 물었다. 그래서 〈스플래쉬〉는 로스앤젤레스에서 사랑을 찾아 헤매던 내 개인적인 경험에서 영감을 얻었다고 답했다.

로스앤젤레스는 인간관계를 비롯해 모든 것이 피상적으로 보이는 곳이다. 나는 내 운명의 상대가 어떤 사람일지 상상한 적이 있다. 그는 친절하고 너그러운 사람일까? 그는 나를 어떻게 바라볼까? 어떤 기분이 들까? 그러면서 우리가 어떻게 만나게 될지, 그와의 사랑을 이룰 수 없게 만드는 장애물은 무엇일지 생각해봤다. 인어 꼬리 정도면 충분히 큰 장애물처럼 보였다.

나는 말을 하다가 갑자기 멈췄다. 갑자기 내가 홍보 과정에서 뭘 잘못한 건지 깨달았다. 나는 지금껏 제작사 간부들에게 이야기를 팔려고 애썼다. 하지만 이야기는 주관적이다. 누구나 어떤 이유로든 특정한 이야기에 반대할 수 있다. 대부분의 사람들이 공감할 수 있는 보편적인 주제나 경험, 느낌을 제시할 필요가 있었다. 그 순간 〈스플래쉬〉를 재포장해야 한다는 걸 아주 명확하게 깨달았다.

이 사실을 깨달은 다음에 홍보하러 간 곳은 디즈니였다. 그곳에서는 모든 걸 지금까지와는 다르게 했다. 인어와 사랑에 빠진 남자의 특별한 이야기라는 말부터 꺼내는 대신 진정한 사랑을 추구하는 보편적인 이야기라고 홍보했다. 진짜 사랑을 찾는 게 인어를 만나는 것보다 더 힘든 일이라고 느낀 순간이 다들 있지 않은가? 누가 감히 사랑이 중요하지 않다고 주장하겠는가?

나는 그곳에 있는 사람들 모두가 어느 정도 공감할 수 있는 개인적인 경험담을 자신 있게 피력했다. 그렇게 디즈니는 결국

〈스플래쉬〉를 샀다. 관객들은 그 영화를 좋아했고 나는 시나리오를 공동 집필하고 오스카상 후보에 올랐다.

이제 나는 어떤 프로젝트를 홍보할 때 늘 논쟁의 여지가 없는 보편적인 주제, 즉 우리 인간의 경험과 관련된 본질적인 이야기부터 시작한다. 내 주인공들은 모든 인류가 추구하고 응원하는 사랑, 가족애, 자존감, 생존 같은 목표를 가지고 있다. 몇 가지 예를 살펴보자.

〈지니어스Genius〉는 내셔널 지오그래픽National Geographic에서 방영한 다큐드라마 시리즈로, 세계에서 가장 유명한 사상가와 혁신자들의 이야기를 각색해서 만든 작품이다. 이 프로그램의 첫 번째 시즌은 알베르트 아인슈타인Albert Einstein에게 초점을 맞춰 제작됐다.

우리가 〈지니어스〉에서 표면적으로 다룬 이야기는 반항적인 젊은이이자 평범한 학생인 동시에 원자와 우주의 신비를 밝혀낸 실직한 아버지라는 한 인간에 관한 구체적인 실화였다. 하지만 프로그램을 홍보할 때는 자아실현을 위한 투쟁과 기성 사고에 도전하는 용기라는 주제에서 출발했다.

내가 만든 또 다른 영화 〈뷰티풀 마인드〉는 조현병을 앓으면서 노벨 경제학상을 받은 천재 존 내시의 이야기를 자세히 들려준다. 내시는 아내의 극진한 사랑이 없었다면 병 때문에 심신이 파괴됐을 것이다. 우리는 〈뷰티풀 마인드〉가 특이한 사람이라고 손가락질받는 모든 사람에 관한 영화라는 점을 내세웠다. 나와 다른 사람에게 공감하려고 노력하고 더 나아가 보편적인 인류 애를 찾자는 것이다.

캘리포니아주 버클리에 사는 브레이버맨 가족의 3대에 걸친 이야기를 다룬 텔레비전 드라마 〈페어런트후드Parenthood〉는 모든 가정에 존재하는 복잡함과 특이함에 관한 이야기다. 〈못 말리는 패밀리Arrested Development〉라는 시트콤 역시 제대로 돌아가는 게 없는 블루스 가족에게 초점을 맞춰 진행되지만 결국 가족애를 찬양한다. 아무리 불완전한 상황에 처해 있더라도 우리는 한 가족이 함께 있는 모습을 보고 싶어 한다. 왜? 그런 모습을 보면 행복하고 안정된 기분을 느끼기 때문이다.

이야기에 담긴 보편적인 인류애의 실마리를 찾아 이야기를 시작하는 이런 방식이 성공한 주된 이유는 뭘까? 나는 할리우드의 혁신적인 생각을 경계하고 실패했을 때 위험이 클 뿐만 아니라 경쟁이 극심한 분위기 때문이라고 확신한다. 슬픈 이야기지만 이런 현상에도 배울 점은 있다. 보편적인 주제일수록 청자가 이야기를 자신의 경험과 연결시킬 기회가 늘어난다. 이것은 사람의 감정을 고조시키는 탁월한 이야기의 핵심 요소다. 최고의 영화들은 모두 이런 이야기를 담고 있다.

대화하는 상대와 관련이 있고 믿을 만한 주제를 제시하면 듣는 사람은 자기와 그 이야기 사이에 더 밀접한 관련이 있다고 느낄 것이다. 상대가 당신의 이야기를 듣고 그 이야기가 자기의 가치관과 비슷한 점이 있다고 느끼는 게 매우 중요하다.

또 한 가지 중요한 것은 대화 내용과 더불어 듣는 사람이 지금 말하고 있는 당신과도 공통점이 있다고 느껴야 한다는 점이다. 당연한 이야기처럼 들릴지도 모르지만 '이 이야기는 내가 평상시에 하던 생각과 비슷하군'이라는 생각을 이끌어내는 것을 넘어 '저 사람은 나와 비슷한 면이 많은 사람이군'이라는 반응을 유도해야 한다. 사람은 자신과 닮은 사람에게 쉽게 마음을 열기 때문이다. 그래야 내가 하고자 하는 이야기를 효과적으로 전달할 수 있을 뿐만 아니라 관계를 오래 지속할 수 있다. 상대방이 공감할 수 있는 주제로 이야기를 시작하고 그 대화를 통해 나까지 알고 싶어지도록 만들어보자.

반응이 없다고 좌절하지 마라

최근 베스트셀러 《아웃라이어》를 원작으로 하는 텔레비전 시리즈를 만들기 위해 그 책의 저자 글래드웰과 긴밀하게 협력한 적이 있다. 이 책은 '높은 성과를 이루는 사람들은 어떤 점이 다른가?'라는 질문에 답하는 책이다. 글래드웰은 이렇게 대답했다. "가장 똑똑한 사람이 반드시 성공하는 건 아니다. 성공은 우리가 내리는 모든 결정과 노력의 합산이 아니다. 그보다는 선물에 가깝다고 할 수 있다. 아웃라이어란 기회를 얻은 사람들, 그 기회를 붙잡을 힘과 마음가짐을 지닌 사람들이다."

이 책은 성공에 관한 한 지능보다는 노력을 통해 기회를 받아들이는 게 더 중요하다고 말한다. 그 메시지는 나의 내면 깊은 곳에 큰 울림을 안겨줬다. 따라서 나는 그와의 협업 기회가 생겼다는 사실에 매우 열광했다. 이 시리즈를 홍보할 때는 단순히 뭔가를 팔기 위해 떠들지 않았다. 진심으로 그 이야기를 믿었다.

《아웃라이어》가 주는 교훈은 인간관계에서도 통한다. 발이 넓은 사람은 대부분 새로운 사람을 만날 기회를 놓치지 않는다. 누군가를 만나 원하는 것을 얻어낼 가능성이 생기면 주저하지 말고 낚아채야 한다. 이때 좋은 결과를 내려면 글래드웰이 말하듯 기회를 붙잡을 힘이 필요하다. 상대의 반응이 없다고 좌절하지 말고 그의 마음을 열기 위해 끊임없이 노력해야 한다.

지능이 성공의 척도가 아니듯 처음 보는 사람의 마음을 휘어잡는 것은 화려한 언변이나 타고난 매력이 아닌 진심으로 다가가는 자세다. 절대 자신의 감정을 표출하지 않을 것 같아 보이는 사람의 마음에도 빈틈이 있다. 어느 누구도 웃지 않는 냉담한 분위기에도 녹는점은 있다. 내가 기대했던 반응을 상대가 보이지 않는다고 해서 대화를 포기해버리면 원하는 것을 결코 얻을 수 없다. 나도 진심으로 다가가 마치 로봇처럼 아무런 반응을 보이지 않는 사람의 마음을 움직인 경험이 있다.

지금부터 할 이야기가 그 예다. 최근 홍보를 위해 내가 존경하지만 마음을 읽기가 매우 어려운 한 투자자와 만났다. 그는 냉담한 태도를 보이면서 그의 생각을 알아내는 데 도움을 될 말을 거의 하지 않았다. 회의 시작부터 계속 마음이 불편했다. 회의실은 쥐죽은 듯 조용했고 분위기가 축 가라앉아 있었다. 발판으로 삼을 만한 활기는 전혀 찾아볼 수 없었다.

이런 상황에서 어떻게 흥미를 고조시킬 수 있겠는가? 방법은 하나뿐이었다. 나는 모든 의심과 어색함을 떨쳐버리고 열변을 토하기 시작했다. 전력을 다해서 진정성 있고 확신에 찬 홍보를 계속했다. 그리고 끝날 때쯤에는 그 방에 있던 모든 사람, 아니 거의 모든 사람과 연결됐다고 확신했다. 하지만 가장 중요한 결정권을 쥔 그 투자자도 내게 마음을 열었는지는 여전히 불확실했다. 그는 내내 포커페이스를 유지하고 있었다.

놀랍게도 그날 밤늦게 그 투자자의 전화를 받았다. 그가 누군가에게 직접 전화를 거는 건 매우 드문 일이었다. 그는 내 이야기를 듣고 얼마나 감명을 받았는지 알려주고 싶어서 전화를 했다고 말했다.

그 프로젝트에 대한 열정을 있는 그대로 쏟아낸 덕에 냉정하다고만 생각했던 사람의 마음을 움직일 수 있었다. 내 이야기가 그의 마음 깊은 곳까지 건드렸다는 말을 들으니 정말 기분이 좋았다. 그가 그 시리즈와 관련해 어떤 결정을 내리든 상관없이 성공했다는 기분이 들었다.

삶이란 곧 사람들과의 관계로 이뤄진다. 끊임없는 노력으로 인해 나는 내가 깊이 존경하는 사람과 연결됐다. 프로젝트가 성사된 것 이상으로 기뻤다. 상대와 친해질 기회를 낚아채는 것은 결국 진심이다.

빌 게이츠를 움직이는 방법

몇 년 전 마이크로소프트Microsoft 최고 경영자 회의에 연설자로 초청을 받았다. 청중들 가운데는 아마존Amazon 창업자 겸 CEO 인 제프 베조스Jeff Bezos, 워런 버핏Warren Buffett, 코카콜라 CEO 였던 무타르 켄트Muhtar Kent, 엑슨모빌ExxonMobil 전 CEO이자 전 국무장관인 렉스 틸러슨Rex Tillerson 같은 다른 초청 연사들과 빌 게이츠Bill Gates도 있었다.

이들은 내가 아카데미 시상식에서 만난 할리우드 스타들과 맞먹는 비즈니스계의 엘리트들이었다. 그들 앞에서 연설을 하는 일이 매우 긴장될 수밖에 없었다. 설상가상으로 무대에 오르기 직전에 빌 게이츠가 맨 앞줄에 앉아 있을 거라는 경고를 받았다. 그는 틈틈히 스마트폰을 확인하는 습관이 있어 연설에 관심이 없는 것처럼 보이겠지만 사실 다 듣고 있으니 기분 나쁘게 생각하지 말라는 이야기였다.

자, 내 앞에 도전장이 던져졌다. 게이츠가 그렇게 관심을 끌기 힘든 사람이라니, 최대한 관심을 끌어봐야겠다고 결심했다. 하지만 어떻게 해야 할까?

단상에 올라가 보니 게이츠가 마침 바로 앞에 앉아 있었다. 앞서 연설에서 그는 지구상에 여전히 전체 주민의 상당수가 소아마비에 걸리는 지역이 있다고 말했다.

최초의 소아마비 백신을 개발한 조너스 소크Jonas Salk는 내가 어린 시절에 숭배하던 영웅들 가운데 한 명이었고, 그와의 호기심 대화는 내 인생에서 손꼽히게 중요한 만남 중 하나였다. 나는 이 정보를 이용하기로 마음먹었다. 스라이브 글로벌Thrive Global의 설립자 겸 CEO고 〈허핑턴포스트〉를 설립하기도 한 아리아나 허핑턴과 함께 무대에 오른 나는 이렇게 말했다.

"게이츠 씨, 조금 전에 소아마비 이야기를 하셨는데 조너스 소크는 내 영웅이었습니다."

이 말이 그의 주의를 끌었다. 그가 시선을 든 순간 나와 눈이 마주쳤다. 커다란 무대에서 많은 청중을 향해 말하고 있었지만, 마치 게이츠와 단둘이 이야기를 나누는 듯한 기분이 들었다.

소크는 내가 어떻게든 꼭 대화를 나누고 싶다고 갈망한 몇 안 되는 인물들 중 하나였다. 당시 나는 보잘것없는 존재였던 반면 그는 전 세계에서 가장 유명한 의학자였다. 하지만 나는 집요했다. 답변이 오든 말든 상관없이 매주 그의 비서에게 전화를 걸고 편지도 썼다. 그러다 마침내 절호의 기회가 생겼다. 그에게 새 조수가 생긴 것이다. 지금도 조앤 에이브러햄슨Joan Abrahamson이라는 그의 이름이 기억난다.

에이브러햄슨은 내게 새로운 단서였다. 그는 자기 상사를 만나게 해달라는 내 간절한 애원에 아직 진저리가 나지 않은 상태였다. 계속 전화를 걸고 편지를 보낸 끝에 결국 소크가 비벌리힐스 호텔에서 강연을 마친 뒤 잠깐 만날 수 있을지도 모르겠다는 답을 얻어냈다.

나는 잔뜩 흥분한 동시에 혹시라도 약속 시간에 늦거나 길을 잃거나 약속 장소를 찾지 못해 기회를 놓칠까 봐 두려워졌다. 그래서 예정보다 두 시간 일찍 호텔에 도착했다. 긴 기다림 끝에 내 어린 시절의 영웅이 호텔 로비 저편에 서 있는 걸 봤다. 그에게 한 발짝씩 다가갈수록 점점 긴장감이 커졌다. 그렇게 점점 가까워지다가 마침내 그와 얼굴을 맞대게 됐다. 그리고 막 악수를 나누려던 참에 구토를 하고 말았다. 초조함에 거의 기절할 지경이었던 것이다!

소크 박사는 내 옆에 무릎을 꿇고 앉아 자기가 도와줄 수 있는 일이 있는지 살펴봤다. 그는 역시 의사였다. 소크는 내 뒤통수를 부드럽게 감싸 안고는 웨이터에게 혈당을 안정시키기 위해 오렌지 주스를 한 잔 달라고 신호를 보냈다.

소크 박사는 소아마비를 치료한 위대한 사람일지 모르지만 그 순간만큼은 평범한 의사처럼 행동했다. 그가 내 눈을 들여다 봤고, 나는 정신이 하나도 없는 상황에서도 간신히 그의 눈을 마주 볼 수 있었다. 그렇게 우리는 친구가 됐고 그가 세상을 떠나는 날까지 우리의 우정은 계속됐다.

아무튼 이 이야기를 하는 동안 게이츠에게서 계속 눈을 떼지 않았다. 그러니 그가 스마트폰을 한 번도 내려다보지 않았다는 걸 알아차리지 않을 수 없었다. 당당하게 나서서 절대 관심을 끌 수 없을 거라고 생각한 사람의 이목을 집중시켜보자. 대화가 성사될 것이다.

CHAPTER 8

많은 사람들 앞에서
이야기하는 법

"

용기란 당당히 일어나 자기 의견을 말하는 것이기도 하지만,
때로는 가만히 앉아서 듣는 것이기도 하다.

"

_ 윈스턴 처칠Winston Churchill

우리 집에는 10대 청소년이 두 명 있다. 아내와 나는 함께 식사하는 시간만이 그들과 진정한 대화를 나눌 유일한 기회라는 걸 깨달았다. 이 시간을 신성시하기 위해 식사 시작 전에 모두 스마트폰을 바구니에 넣기로 했다. 이건 스마트폰 화면을 뒤집어놓는 것보다 훨씬 나은 방법이다. 자기 옆에 스마트폰이 있는 것만으로도 주의가 산만해지기 때문이다.* 이런 관행을 만든 덕분에 아이들과 함께 재미있고 계몽적인 대화를 나누게 됐다.

서로를 소중히 여긴다는 걸 느낄 수 있으면서도 덜 물질적인 방법으로 생일을 축하하기 위해 또 다른 의식도 하나 고안했다. 한 사람씩 돌아가면서 생일을 맞은 사람의 눈을 바라보며 축배를 드는 것이다. 그 사람이 멀리 떨어진 자리에 앉아 있거나 직접 얼굴을 맞댈 수 없는 위치에 있더라도 일단 자리에서 일어나야 한다.

---

* Adrian Ward, Kristen Duke, Ayelet Gneezy, Maarten Bos, "Brain Drain: The Mere Presence of One's Own Smartphone Reduces Available Cognitive Capacity(두뇌 유출: 스마트폰이 근처에 있기만 해도 이용 가능한 인지 능력 감소)", *Journal of the Association for Consumer Research*, 2호, 2017년 4월, https://www.journals.uchicago.edu/doi/10.1086/691462

다들 예상이 가겠지만 아이들은 처음에 이 의식을 싫어했다. 우리는 가장 멋진 건배사는 근사한 형용사를 여러 개 늘어놓는 게 아니라 자기 마음에서 우러나오는 말이라고 가르쳐줬다. 또 그 사람에 관한 이야기, 그들을 기분 좋게 해줄 추억담을 이야기하라고 격려했다. 곧 아이들은 자기 건배사가 가족들을 웃기거나 울리는 모습을 보는 걸 좋아했다. 이 의식 덕분에 가족들에게 가장 기억에 남는 순간이 몇 개 생겼다. 처음에는 어색했지만 시간이 지나면서 조금씩 익숙해져서 요즘은 서로 먼저 건배사를 하려고 손까지 든다.

슈퍼스타도 때론 먼저 말을 꺼낸다

나는 직업 특성상 홍보를 하거나 연설을 하거나 제작하는 영화의 촬영 현장에 가거나 직접 카메라 앞에 서는 등 많은 이들의 주목을 받게 되는 일을 꾸준히 겪는다. 이런 상황에서 내게 위안과 즐거움을 안겨주는 일이 하나 있다. 바로 청중들과 친밀감을 쌓는 것이다. 어떻게 해야 수십, 수백, 수천 명에 이르는 청중들과 연결될 수 있을까?

2002년, 윌 스미스Will Smith와 함께 오스카상 후보 오찬회에 참석한 적이 있다. 스미스는 마이클 만Michael Mann의 영화 〈알리〉에서 좋은 연기를 선보여 후보에 올랐고 나는 〈뷰티풀 마인드〉로 후보에 올랐다. 오찬회는 기묘한 행사다. 원래는 격식에 얽매이지 않고 느긋하게 즐기도록 마련된 자리지만 실제로는 시상식 자체보다 더 불편하게 느껴진다.

내 이야기를 듣고 무도회장을 꽉 메운 할리우드 내부 인사들이 이리저리 돌아다니면서 편안하게 대화를 나누고 칭찬과 인사를 주고받으면서 즐거운 시간을 보내는 풍경을 상상할지도 모른다. 하지만 실은 그 반대다. 오찬회에 참석한 사람들 대부분은 서로에 대한 명성만 아는 상태고 업계에서 존경받는 사람들이 나를 바라보면 긴장이 된다. 게다가 겉으로 드러내서 말하지는 않지만 같은 상을 놓고 겨루고 있다는 무언의 경쟁심까지 더해지면 절대 느긋한 기분으로 있을 수 없다. 이때 스미스가 자발적으로 일어나 모인 사람들을 상대로 연설을 하기 시작했다. 그는 활짝 웃으면서 말했다.

"여러분, 이거 정말 대단하지 않아요? 다들 여기 와 있어서 신나시죠? 모두들 만나서 반갑습니다!"

그 순간 방 전체의 분위기가 확 바뀌었다. 우리는 박장대소하면서 긴장감을 날려버렸다. 다들 거북해하고 있다는 걸 알아차린 스미스는 불편한 기분으로 오찬회장에 앉아 있던 나와 다른 이들을 하나로 연결시켰다. 그가 다시 자리에 앉을 때는 분위기가 한결 가벼워져 있었다. 이런 변화가 생긴 건 스미스가 한 말보다(사실 무슨 말을 했는지 대부분 기억도 안 난다) 그의 사교적인 성격과 느긋한 태도 덕분이었다. 워낙 성격이 활달한 그는 편안함과 자기 확신의 화신이기도 하다.

'저 사람은 윌 스미스잖아. 그러니 당연히 멋지고 자신만만하겠지.' 이렇게 생각할지도 모른다. 하지만 나는 겉으로는 자신만만해 보이지만 속으로는 많은 청중 앞에 서는 걸 겁내고 불편해하는 유명인사들을 많이 안다. 그 순간 그가 어떤 기분을 느꼈는지는 모른다. 하지만 스미스가 한 것 같은 모험을 감수할 사람은 거의 없다. 상대가 선뜻 받아들여줄지 아닐지도 모르는 상태에서 단 한 사람이 아니라 방을 가득 메운 사람들 모두와 관계를 맺으려고 시도하는 데는 용기가 필요하다.

많은 사람 앞에 나서서 이야기할 때는 내가 어떤 사람인지에 지나치게 얽매여서는 안 된다. 설령 자신이 슈퍼스타일지라도 단상 위에 올라갔을 때는 청중에게 먼저 말을 건네야 한다. 분위기를 풀고 대화를 이끌어가야 하는 자리에서 다른 사람이 먼저 입을 뗄 때까지 기다려서는 안 된다.

물론 이것이 쉽지 않다는 것을 안다. 많은 사람들 앞에서 어떻게 말문을 열어야 할지 모르겠다면 '다른 사람이라면 어떻게 했을까?'라고 생각해보자.

나는 사람들 앞에서 말을 해야 할 때마다 스미스가 그 오찬회에서 어떻게 행동했는지 그리고 그 행동이 분위기를 어떻게 변화시켰는지 떠올린다. 다들 그런 사람을 한 명쯤 알고 있으리라고 생각한다. 여유롭고 자신감 있게 다른 사람 앞에 선뜻 다가가는 사람 말이다.

연설이나 프레젠테이션 준비를 할 때 그런 롤 모델을 떠올리는 게 도움이 될 수 있다. 대화 중에도 마찬가지다. 그들이 어떻게 서 있는지, 어떻게 움직이는지, 나를 바라보면 어떤 기분이 드는지 떠올리자. 이들을 똑같이 모방하지는 않되 이들의 존재를 내면화해 자신의 것으로 만들도록 노력하자.

모든 대화상대에게 집중하라

이 일을 오랫동안 하면서 회의실에 들어가는 순간 바로 사람들의 주의를 끌고 나와 동질감을 느끼게 해야 한다는 걸 알게 됐다. 처음 꺼낼 말을 속으로 중얼거리거나 스마트폰을 들여다보면서 회의실에 들어가지 말자. 대신 사람들과 관계를 맺으려는 적극적인 자세와 마음가짐을 보여야 한다.

회의를 시작하기 전 우리는 대개 몇 분 정도 사소한 잡담을 나눈다. 다들 그 몇 분이 영원히 계속될 것 같은 어색한 상황에 처해본 적이 있을 것이다. 회의를 이끄는 사람이 언제 어떻게 이야기의 방향을 틀어야 할지 모르면 사람들은 점점 조급해진다. 대화의 주도권을 쥐는 걸 두려워하지 말자. 필요 이상으로 시간을 낭비하고 싶지 않다면 더더욱 그래야 한다. 나는 항상 가벼운 어투로 그 자리에 모인 사람들에게 언제까지 회의를 끝내야 하는지 물어보곤 한다.

입을 떼기 전 눈으로 대화를 시작하자. 일단 누군가의 눈을 똑바로 바라보면서 그 사람을 향해 연설을 하는 게 좋다. 하지만 한 사람 이상을 대상으로 이야기할 때는 자리에 있는 모든 사람을 차례대로 쳐다봐야 한다. 방 안에서 가장 지위가 높은 사람에게만 집중하면 다른 사람들은 흥미를 잃기 쉽다. 당신이 자리를 뜨고 나면 담당자가 보통 방에 있던 다른 사람들의 의견을 묻기 때문에 모든 이의 관심을 계속 유지하는 게 바람직하다.

눈을 맞추자 인생이 달라졌다

상대방이 시선을 피하거나 스마트폰을 내려다보거나 무표정하게 당신을 쳐다보는 괴로운 순간을 다들 경험해봤을 것이다. 연설을 하는 동안 계속 청중들에게 주의를 기울이고 있으면 그들이 흥미를 잃어간다는 징후를 일찍 포착할 수 있어 이런저런 시도를 할 수 있다. 긴 이야기를 압축해 하이라이트 부분에 집중하게 하거나 짤막한 개인적 사례를 들어가며 지루한 순간을 깨는 것이다.

또한 시기와 만나는 사람에 따라 저마다 다른 방식으로 반응을 보이리라는 걸 기억하자. 상대의 고개 끄덕임, 미소, 웃음, 눈빛 등을 보면 내 이야기가 제대로 먹히고 있는지 파악할 수 있다. 이런 신호는 내가 말하는 내용이 그들의 가슴에 도달했는지 알려준다.

연설을 할 때는 청중의 얼굴과 몸짓을 읽으면서 관심을 높여야 한다. 그리고 모두가 내 의도를 어느 정도 이해했다 싶으면 재빨리 마무리해야 한다. 나는 항상 듣는 사람이 더 많은 걸 듣고 싶어 하는 상태로 남겨두는 걸 좋아한다. 즉석에서 결정을 내리라고 강요하거나 실행 계획을 전부 늘어놓지 않는다. 그냥 "결정된 사항을 가급적 빨리 알려달라"고 간단히 말할 뿐이다. 그리고 회의실을 나온다.

각각의 청중과 연결돼라

1996년, 〈아폴로 13 Apollo 13〉이 아카데미 작품상 후보에 올랐다. 시상식이 열리기 전 많은 사람들이 내게 수상 가능성이 높다고 장담했다. 그래서 나도 상을 탈 거라고 생각했다. 만약을 대비해 공들여 연설문까지 써놓았다.

마침내 시상식이 열렸다. 시상식장에 앉아 있자니 가슴이 벅차올랐다. 할리우드의 유명한 인물들에게 둘러싸여서 전 세계 사람들이 지켜보는 생방송에 나가고 있다는 사실을 떠올리니 감동적이었다. 맥박까지 눈에 띄게 빨라졌다.

침착한 태도를 유지하려고 애썼지만 마지막 순서인 작품상을 발표할 때가 되자 초조감에 온몸이 떨려 도저히 진정할 수가 없었다. 정말일까? 우리가 오스카상을 타는 걸까? 시드니 포이티어 Sidney Poitier가 수상자를 발표하는 순간이 다가오자 불안감이 최고조에 달했다.

"오스카 작품상은…"

포이티어가 봉투를 열었다. 나는 그의 입이 비읍 발음을 할 때의 모양이 되는 것을 똑똑히 봤다. 보통 작품상을 받으러 올라가는 사람은 프로듀서니까 곧바로 그가 내 이름을 발음하기 시작했다는 결론에 도달했다. '브라이언 그레이저구나'라고 생각한 것이다. 나는 흥분해서 자리에서 벌떡 일어나 무대를 향해 걷기 시작했다.

"〈브레이브 하트〉!"

나는 그 자리에 얼어붙은 듯 멈췄다. 온몸에서 뜨거운 땀이 솟구쳤다. 누구의 눈에도 띄지 않고 자리로 돌아가기 위해 천천히 뒷걸음질을 치려고 했지만 사람들은 벌써 고개를 돌려 나를 바라보고 있었다. 몇 줄 떨어진 곳에 앉아 있던 한 대형 스튜디오 대표가 나를 보더니 엄지와 검지를 이마에 대고 '패배자loser'를 가리키는 보편적인 상징인 L자 모양을 만들었다. 정말 수치스러웠다. 자리에 맥없이 주저앉아 한없이 아래로 가라앉는 기분을 느꼈다. 세상이 나를 궁지로 몰아넣는 기분이었다.

나는 통로 쪽에 앉아 있었고 〈아폴로 13〉의 감독인 하워드가 내 옆자리에, 그 옆에는 톰 행크스Tom Hanks가 연기한 우주비행사 짐 러벨Jim Lovell이 앉아 있었다. 갑자기 러벨이 내 팔을 잡는 게 느껴졌다. 그는 하워드를 넘어 내 쪽으로 몸을 기울이더니 내 눈을 똑바로 바라봤다.

"괜찮아요. 나도 달에는 못 갔어요!"

러벨의 상냥한 위로를 듣자 기분이 나아졌다. 덕분에 정신을 차릴 수 있었다.

몇 년 뒤, 또다시 아카데미상 후보에 올랐다. 그날 밤은 상황이 조금 달랐다. 이번에도 〈뷰티풀 마인드〉가 승산이 있는 것처럼 보였지만 아무것도 당연하게 받아들이고 싶지 않았다. 주머니 안에는 상을 받을 경우 감사를 전해야 하는 사람들 이름과 가벼운 연설 주제를 몇 가지 적은 종이가 다였다. 지나치게 준비하면 망한다는 징크스를 만들고 싶지 않았다.

마침내 작품상을 시상할 차례가 됐고 톰 행크스가 시상을 위해 무대에 올랐다. 발표할 때가 되자 또 심하게 조바심이 났다. 하지만 이번에는 꼼짝도 하지 않았다. 후보작을 호명할 때마다 생방송 카메라가 얼굴을 비췄기 때문에 나는 최대한 침착한 표정을 유지하려고 했다. 행크스가 봉투를 열고 말했다.

"작품상은 〈뷰티풀 마인드〉 제작자 브라이언 그레이저와 론 하워드에게 돌아갔습니다!"

온몸에서 아드레날린이 뿜어져 나왔고 모두의 환호성을 들으며 자리에서 일어나 몇 발자국 걸었다. 러셀 크로우가 날 껴안고 격려의 말을 몇 마디 속삭였다.

다른 사람 눈에는 안 보였을지도 모르지만 나는 떨면서 무대 위로 올라갔다. 이 영화에 기여한 모든 사람들에게 사랑을 전하고 싶어서 주머니에서 작은 종이를 꺼내 들여다봤다. 하지만 다들 알다시피 나는 뭔가를 읽는 능력이 부족하다. 도저히 집중할 수가 없었다. 불안한 생각이 머릿속을 맴돌았다. 말을 더듬거나 너무 길게 말하는 바람에 끝나는 음악이 나와서 억지로 중단해야 하면 어쩌지?

그 순간 고개를 들어 청중들을 바라봤다. 안젤리나 졸리Angelina Jolie, 니콜 키드먼Nicole Kidman, 르네 젤위거Renée Zellweger, 줄리아 로버츠Julia Roberts, 산드라 블록Sandra Bullock이 보였다. 공교롭게도 나는 그들 다섯 명을 다 알았다. 그리고 한 명씩 차례대로 바라보는 동안 어느 정도 평정심을 회복할 수 있었다. 내가 패배자가 된 순간 러벨이 그랬듯이, 내 친구이자 동료인 이 대단한 여성들이 날 응원해주기 위해 그곳에 와 있었다. 종이에 적어온 명단을 정리하느라 안간힘을 쓰는 동안 그들의 눈빛에서 나를 격려하는 모습이 보였다. 그래서 계획했던 연설을 포기하고 즉흥적으로 말을 하기 시작했다.

"너무 긴장되네요. 그래도 티가 하나도 안 나죠?"

물론 그래 보이지 않았다. 청중들이 웃자 분위기가 확 트였다. 덕분에 어색한 느낌 없이 이야기할 수 있었다. 맨 앞에 있던 낯익은 얼굴들과 영혼으로 연결되지 못했다면 일이 어떻게 됐을

지 누가 알겠는가?

이렇게 거대한 집단에서 눈을 돌려 개인에게 초점을 맞추는 방법은 결코 호락호락하지 않은 상황에서도 쉽게 말을 시작하고 친밀한 관계를 맺을 수 있게 해준다. 이런 접근방식이 단순해 보일 수도 있다. 비즈니스 미팅에서든 생일 파티에서든 원칙은 동일하다.

몇 달 전, 베로니카와 나는 열네 살 아들 패트릭에게 우리 부부가 초대받은 세계 아동 대상World of Children Awards 시상식에서 우리를 소개하는 역할을 맡아달라고 부탁했다. 패트릭은 평소 꽤 침착한 아이지만 시상식을 앞두고 초조해했다. 많은 사람 앞에서 말하는 건 그때가 처음인 데다가 꽤 중요한 자리였기 때문이다.

행사가 열린 날 밤, 우리는 모두 무대 앞쪽 테이블에 앉아 있었다. 패트릭의 이모와 삼촌을 비롯한 모든 가족과 친구들까지 함께 자리를 지켰다. 나는 패트릭이 들고 있는 쪽지의 잉크가 손바닥 땀으로 번져 있는 걸 알아차렸다.

그때 패트릭이 베로니카에게 속삭이는 소리가 들렸다. 아들은 마지막으로 한 번 더 함께 조용히 연습을 해도 괜찮겠냐고 물었다. 둘은 테이블에 앉은 채로 주위를 차단하고 연습을 시작했다. 베로니카는 패트릭에게 천천히 말하면서 중간중간 자연스럽게 말을 멈춰야 하고, 고개를 들어 청중들과 연결되는 게 가장 중요하다고 일깨워줬다. 그리고 사람들 속에서 우리 얼굴을 찾으면 우리가 응원하는 게 느껴질 것이라고 말했다.

패트릭이 단상으로 올라갔다. 내 연회색 양복에 가느다란 검은색 넥타이를 맨 패트릭이 침착하게 서 있는 모습을 보고 나는 눈물을 흘리기 시작했다. 베로니카와 나는 패트릭이 깊게 숨을 들이마시면서 우리를 찾기 위해 앞줄을 쭉 훑어보는 모습을 지켜봤다. 이윽고 우리와 눈이 마주치자 안심하고 말을 시작했다.

"아빠와 엄마가 자기들한테 아첨하는 말을 해달라고 부탁해줘서 정말 기쁘네요…. 그것도 자그마치 300명 앞에서요!"

청중들이 웃자 패트릭도 환한 미소를 지었다. 그리고 천천히 또박또박 이야기를 계속했다. 가끔씩 말을 멈추고 청중들을 바라보며 미소를 짓기도 했다.

때로는 오스카 시상식에서 날 응원해준 배우들이나 그날 저녁 패트릭을 응원해준 가족들처럼 개인적인 친분 관계가 없는 청중들 앞에서 연설을 해야 하는 경우도 생길 것이다. 그런 경우 좋은 방법은 스미스처럼 청중과 즉석에서 관계를 맺는 것이다. 그래도 떨린다면 바로 앞에 있는 사람에게 집중하면서 그 사람에게만 말하는 거라고 상상해보자. 지금 이 연설로 어떤 한 사람의 관심사를 찾아낸다고 생각해볼 수도 있다.

　마지막으로 많은 사람들 앞에 나설 때 기억하면 도움이 될 정보가 또 있다. 바로 당신 앞에 앉아 있는 사람들은 이야기를 듣고 싶어 한다는 것이다. 내 이야기에 관심이 없거나 심지어 나에게 적의를 품은 사람도 물론 있겠지만 그 자리에는 분명 당신을 응원하고 당신의 이야기를 기대하는 사람들이 더 많다. 그 점을 생각하면 다른 사람 앞에 나서는 게 조금은 덜 긴장될 것이다.

CHAPTER 9

대화에서 말하기보다
중요한 것

"

말을 할 때는 자기가 이미 아는 걸 반복한다.
반대로 다른 사람의 말을 경청하면 새로운 것을 배운다.

"

_ 달라이 라마Dalai Lama

사람들은 때로 뭐라도 말해야 한다는 조급한 마음 때문에 대화를 망쳐버리기도 한다. 어색한 정적이 흐를지 모른다는 걱정 또는 내 앞에 앉은 사람의 마음을 빨리 사로잡고 싶다는 욕심 때문에 상대의 이야기를 듣지 않고 다음에 무슨 말을 할지 속으로 생각하다가 대화의 흐름을 놓쳐버려 이런 실수가 일어나는 경우가 많다. 하지만 유창한 답변보다 대화를 성사시키는 더 효과적인 수단이 있다. 바로 경청이다.

말하지 말고 일단 들어라

오랜 친구 지미 아이어빈Jimmy Iovine과 점심을 먹으려고 약속을 잡았다. 아이어빈과 나는 아주 오래 전부터 알고 지낸 사이이자 영화 〈8마일〉을 함께 제작하기도 했다. 그는 인터스코프 레코드Interscope Records를 설립하고 U2, 투팍Tupac, 레이디 가가Lady Gaga를 비롯한 수많은 가수들과 계약을 맺은 업계의 아이콘이다.

약속 자리에 마크 월버그Mark Wahlberg도 초대했다. 월버그도 오랫동안 알고 지낸 사이인데, 내가 제작한 영화 〈페이탈 피어〉에서 그에게 첫 주연 역할을 맡겼었다. 오랜만에 다들 모이니 즐거운 오후가 될 것 같았다.

같이 점심을 먹기로 한 날 아침, 전화벨이 울렸다. 데이비드 게펀David Geffen이었다. 게펀은 음악, 영화, 브로드웨이 뮤지컬 등 여러 예술 분야에서 전례가 없는 성공을 거둔 전설적인 존재다.

"그레이저, 잘 지내죠? 오늘 같이 점심식사나 할까요?"

"오늘 아이어빈과 월버그와 점심을 먹기로 했어요. 우리와 같이 할래요?"

"그거 좋죠."

몇 분 후, 아이어빈에게서 보노Bono도 온다는 문자가 왔다. 보노는 내가 잘 아는 사람은 아니라서 그와 시간을 보낼 기회가 생긴 것에 마음이 들떴다.

한 시쯤 게펀, 아이어빈, 나는 먼저 식당에 도착해 아늑한 칸막이 자리에 앉았다. 이윽고 월버그와 보노도 도착했다. 그 자리는 원래 네 사람을 위해 설계된 자리였기 때문에 우리는 자리를 좁혀서 빽빽하게 앉아야 했다. 서로의 다리가 닿기까지 했다. 하지만 덕분에 멀찍이 떨어져 앉는 큰 테이블 자리에서 만날 때보다 더 친밀감이 느껴졌다. 대화와 관계 형성에 도움이 되는 자리 배치였다.

종종 정말 흥미로운 사람들과 함께 시간을 보낼 때는 어떻게든 그들에게 보답하지 않으면 안 된다는 기분이 든다. 호기심 대화를 나눌 때 내 습관이다. 상대방이 주는 정보를 받기만 하는 게 아니라 나도 보답이 될 만한 이야기나 정보를 곧바로 제공하는 것이다. 그런데 이날은 다르게 접근하기로 했다. 대화에 뛰어들기보다 함께한 사람들에게 모든 신경을 집중하기로 한 것이다.

나는 보노가 무슨 말을 할지 관심이 갔다. 그는 극도의 가난과 질병에 시달리는 수백만 명을 감동시킨 헌신적인 인도주의자일 뿐만 아니라 세계적으로 유명한 록 스타다. 그에게 묻고 싶은 게 너무 많았다. 세상에 대해 그는 어떤 독특한 견해를 갖고 있을까? 그에게 의미 있는 건 뭘까? 지금 그에게 가장 중요한 것은? 하지만 그의 이야기를 방해하고 싶지 않았다. 그래서 질문은 두어 번 정도로 자제하고 눈빛을 통해 그에 대해 더 많이 알고 싶다는 바람을 전달하는 데 주력했다.

보노가 전 세계를 누비며 한 일에 대해 직접 이야기를 들으니 그 엄청난 활동을 더 새롭고 깊이 있게 이해하게 됐다. '와, 이 사람은 빈곤과 에이즈 퇴치라는 숭고한 목적을 이루기 위해 각국 정부들과 높은 차원에서 협력하고 있네'라는 생각이 들었다. 큰 감동과 영감까지 얻었다. 실제로 그날의 점심식사는 최근에 이매진 임팩트Imagine Impact*라는 글로벌 콘텐츠 액셀러레이터를 시작하는 데 도움이 됐다.

아침에 일어났을 때만 해도 그날 내 일정표에는 점심약속 하나만 적혀 있었다. 그 간단한 일정이 나를 어디로 이끌고, 어떤 영감을 안겨줄지 전혀 예측하지 못했다. 하지만 즉흥적으로 새로운 사람을 만나고 그들의 이야기를 가만히 듣는 것만으로 보노라는 새로운 사람과 가치관을 공유하고 지금껏 전혀 몰랐던 세계를 알게 됐을 뿐만 아니라 새로운 영감까지 얻었다.

만약 내가 그때 내 이야기를 늘어놓기만 했다면 이 모든 걸 얻지 못했을 것이다. 의미 있는 관계를 맺기 위해 대화에 동등하게 참여해야 할 때도 있지만 항상 그런 건 아니다. 듣는 것도 말하는 것만큼, 아니 그 이상으로 다른 사람과 유대감을 형성하는 데 강력한 힘을 발휘할 수 있다.

---

* 이매진 임팩트는 실리콘 밸리의 유명한 스타트업 액셀러레이터 와이 콤비네이터(Y Combinator)를 본딴 일종의 크리에이터 액셀러레이터다. 전 세계 작가 수천 명 중 25명 정도를 선발해 각 업계의 뛰어난 크리에이터들에게 직접 멘토링을 받고 프로젝트를 마무리하면 결과물을 할리우드 바이어에게 홍보할 기회를 준다. 이를 통해 통장 잔고가 단돈 12달러뿐이던 잠비아 출신 작가 고드윈 자방웨(Godwin Jabangwe)는 가족의 모험을 다룬 〈퉁가(Tunga)〉라는 뮤지컬 애니메이션을 홍보했고 네 개 회사의 경쟁 끝에 넷플릭스(Netflix)에 35만 달러에 작품을 판매했다. 이매진 임팩트는 자방웨 같은 작가들에게 경력을 쌓을 기회를 줄 뿐만 아니라 전 세계 관중들에게 이들의 이야기를 접하게 해준다.

경청은 존중의 또 다른 형태

스티븐 코비Stephen Covey는 "사람들은 대부분 상대를 이해할 작정으로 듣는 게 아니라 대답하기 위해 듣는다"[**]고 말한 적 있다. 실제로 대화할 때 많은 사람들이 상대방이 말하는 내용에 주의를 기울이기보다 자기가 다음에 할 말을 생각하는 데 더 많은 시간을 쓴다.

하지만 아무 의도 없이 상대방의 이야기를 경청하는 것에는 장점이 많다. 특히 예상치 못한 대화를 시작하거나 다른 분야의 사람과 관계를 맺고 싶을 때 유용하다. 남의 말을 잘 들어주는 사람은 상대방의 관점을 쉽게 파악하고 자신의 시야를 넓힐 기회를 얻는다. 나아가 잘 듣는 것은 훌륭한 차별화 요소다. 세상에는 제대로 된 경청자가 그렇게 흔하지 않기 때문이다. 지금 소개할 일화가 대표적인 예다.

2004년, 하워드와 《다빈치 코드》라는 책의 영화화 판권을 구입했다. 그 무렵에 딸 세이지를 데리고 프린스Prince 콘서트를 보러 갔다. 그는 맨해튼 남부에 있는 클럽에서 소규모로 공연을 하

[**] 스티븐 코비, 《성공하는 사람들의 7가지 습관》, 251쪽

고 있었는데, 딸과 함께 그 공연을 보면 재미있을 것이라고 생각했다.

세이지와 함께 줄을 서서 클럽에 들어갔더니 프린스가 문 앞에서 사람들에게 인사를 하고 있었다. 거기에는 프린스가 틀림없이 알고 이야기를 나누고 싶어 할 듯한 수많은 유명 인사들이 있었다. 프린스를 한 번 잠깐 만난 적이 있지만 나를 기억하기는커녕 내가 누구인지조차 모를 것 같았다. 그때 프린스가 나를 보고 말했다.

"그레이저, 안녕하세요. 와줘서 고마워요."

놀랍게도 프린스는 나를 기억하고 있었다. 딸 앞에서 이렇게 아는 척을 해주니 정말 고마웠다. 나는 세이지에게 좋은 추억을 만들어주고 싶었다. 프린스와 함께하는 시간을 조금 더 늘리고 싶어서 일단 그의 시선을 붙잡았다. 효과가 있었다.

"요새는 무슨 영화를 만드나요?"

프린스가 물었다. 그래서 막 《다빈치 코드》를 계약한 참이라고 답했다.

"그래요? 세상에, 대단하군요. 나도 《다빈치 코드》를 정말 좋아하거든요!"

사실 프린스는 독실한 여호와의 증인 신도다. 그리고 《다빈치 코드》는 프랑스의 메로빙거 왕조, 예수와 막달라 마리아의 결혼 관계 같은 종교사의 대체 이론을 깊이 파고든 책이다. 나도 판권을 사기 전에 책을 읽어봤기 때문에 그런 이론들을 조금은 알고 있었지만 깊이 있게 연구하지는 않았다. 반면 프린스는 그 모든 것에 대한 전문가처럼 보였다.

"《템플 기사단의 폭로The Templar Revelation》 읽어보셨나요? 아니면 《성배와 잃어버린 장미》는요?"

읽어봤냐고? 들어본 적도 없는 책이었다. 공부하지도 않은 내용을 가지고 쪽지 시험을 봐야 하는 학생이 된 듯한 기분이었다. 거기서 싱겁게 대화를 끝내고 싶지는 않았지만 그렇다고 안 본 책을 봤다고 거짓말을 할 수는 없었다. 그래서 솔직히 인정했다.

"아뇨, 안 읽어봤는데요."

이렇게 대화를 그냥 끝낼 수도 있었다. 하지만 대화를 오래 이어갈수록 딸에게 더 기억에 남는 일을 만들어줄 수 있을 거라고 생각했다. 그러려면 이 순간 내가 프린스에게 제공할 수 있는 유일한 것, 바로 내 관심을 줘야만 했다. 나는 그와 계속 시선을 맞춘 채로 말을 이었다.

"어떤 책인지 이야기 좀 해주세요."

프린스가 완전히 통달한 그 주제에 대해 나는 아무것도 아는 게 없었다. 하지만 훌륭한 청자가 되는 것만으로도 그와의 연결을 유지할 수 있었다. 시선을 맞추며 "정말 흥미롭네요", "조금 더 이야기해주세요" 같은 몇 마디 추임새만 던졌을 뿐인데 계속 프린스와 대화를 이어갔다. 내 뒤에 있던 사람들이 점점 안달을 내는 게 느껴졌지만 상관하지 않았다. 요새도 세이지와 나는 세계적으로 손꼽히는 위대한 예술가와 거의 10분 동안 음모론에 관한 이야기를 나누면서 유대감을 쌓았던 그 대단한 밤을 이야기하곤 한다.

사람들은 남이 자기 말을 경청할 때 존중받는다고 느낀다. 또한 이것은 신뢰를 키운다. 상대에게 온전하게 관심을 기울이면서 그의 이야기를 더 듣고 싶어 하는 모습을 보이면 그들도 답례로 당신에게 더 많은 걸 줄 것이다.

CHAPTER 10

마지막까지
집중 또 집중하라

"

마음을 비우고 형체를 버려라.
물은 흐를 수도 있고 부딪칠 수도 있다.
그러니 물이 돼라.

"

_ 브루스 리Bruce Lee

운전 중 마지막으로 문자 메시지 하나만 더 보내야겠다는 유혹을 뿌리치지 못하는 바람에 간신히 사고를 모면한 적이 있는가? 친구가 연 파티에서 사람들과 어울리지 않고 구석에 앉아 스포츠 경기를 보는 바람에 새로운 연애상대를 만날 기회를 놓치지는 않았는가? 아니면 회의 중 속으로 딴생각을 하고 있었는데 갑자기 상사가 중요한 질문에 답해보라고 이야기하는 난처한 경험을 했을 수도 있다.

주의가 산만해져 있을 때는 실수를 저지르거나 사고를 치거나 기회를 놓치기 쉽다. 대화에서도 마찬가지다. 상대에게 관심을 기울이지 않으면 중요한 정보를 놓치거나 상대의 의도를 오해할 수 있다. 또한 사람들의 신뢰와 존경을 얻거나 유지할 기회를 잃을 가능성이 크다.

상대와 의미 있는 관계로 이어지려면 정신을 바짝 차리고 대화에 온전히 집중해야 한다. 눈을 마주치는 게 핵심적인 열쇠다. 시선을 맞추고 있으면 생각이 딴 데로 새어나가는 일이 줄어든다. 대화가 제대로 진행되지 않고 머릿속에 잡념이 떠오르기 시작할 때 함께 있는 사람을 다시 바라보면 원래대로 정신을 차리고 집중할 수 있다.

'철학자'라는 별명을 가진 로마 황제 마르쿠스 아우렐리우스는 집중력이 높은 것으로 유명하다. 아우렐리우스는 집중하는 최고의 방법은 지금 하고 있는 일이 자기가 살면서 마지막으로 하는 일이라고 상상하는 것이라고 말했다. 또 간단한 만트라(진언, 주문)를 외는 게 도움이 된다고 믿었다.

대화를 위한 만트라를 만들어보자. 다른 사람을 만나기 전이나 연설 전 혹은 중요한 회의 전에 자기만의 주문을 혼자 되뇌면 정신이 산란해지는 걸 미리 막을 수 있다.

지금 그 대화에 몰입하라

집중에 대해 이야기하니 뛰어난 저널리스트이자 몰입 전문가인 스티븐 코틀러Steven Kotler와 나눈 대화가 떠오른다. 당시 나는 하와이에서 〈블루 크러시〉를 막 활영하기 시작한 참이었는데, 코틀러가 언급한 몰입을 직접 경험하자 그와 이야기를 나눠보고 싶다는 생각이 들었다.

앞서 잠깐 말했지만 영화를 촬영하면서 나는 서핑 문화를 가까이에서 접하게 됐고 그 스포츠에 거부할 수 없는 매력이 있다는 걸 깨달았다. 다른 사람들이 서핑하는 모습을 지켜보기만 해도 신이 났고 그들이 가로지르는 엄청나게 강력한 파도가 전적으로 자연에 의해 만들어진 것이라고 상상하니 너무나 감동적이기까지 했다.

그때까지 서핑을 한 번도 해본 적 없었던 나는 마흔 살의 나이에 서핑을 배우기로 했다. 그래서 세계에서 가장 큰 파도를 탄 경험이 있는 브록Brock이라는 사람과 친구가 됐다. 냉정하고 침착한 그는 허세를 부리지 않았고 서핑, 싸움, 더트 바이크 등 어떤 일을 하든 전혀 두려움을 느끼지 않았다.

우리는 금방 마음이 맞았다. 서핑에 관해 모르는 게 없는 브록은 남을 가르치는 데 소질이 있었고 나는 타고난 학생이었다. 브록은 보드 위에 올라서는 가장 기본적인 방법은 물론이고 완벽한 파도를 고를 수 있도록 바다에서 작용하는 물리학 법칙도 가르쳐줬다.

서핑 실력이 올라가면서 나는 몰입 상태를 경험하기 시작했다. 브록이나 레어드 해밀턴Laird Hamilton, 케알라 케넬리Keala Kennelly, 마쿠아 로스맨Makua Rothman 같은 서퍼들은 건물 한 채를 너끈히 파괴할 수 있는 12미터짜리 파도를 만나기 위해 물 위에서 방향을 읽으면서 기다린다. 0.001초도 어긋나지 않는 정확한 타이밍에 서핑보드에 올라타 파도를 이기고 살아남으려면 완전히 몰입한 상태에서 직관에 모든 걸 맡겨야 한다. 그 찰나의 순간에 이성으로 모든 변수를 다 판단하기는 불가능하다. 죽고 싶지 않다면 몰입 상태에 있어야 한다.

서핑할 때 적당한 파도를 잡으면 균형은 어떻게 잡고 발을 어디에 놓아야 하는가 같은 사소한 문제는 생각나지 않고 그 순간에 완전히 집중하게 된다. 마치 슬로모션으로 진행되는 극도의 희열 같기도 한 그 기분은 내가 지금까지 경험해본 그 어떤 상태와도 달랐다. 그렇게 서핑에 푹 빠져 지내던 차에 이런 궁금증이 들었다. 호기심 대화에도 이 몰입을 도입할 수 있을까? 뾰족한 답이 나오지 않아 나는 코틀러에게 연락을 취했다.

우리는 산타 모니카의 태평양 해안 고속도로 바로 옆에 위치한 분위기 좋은 이탈리아 식당에서 저녁을 먹었다. 코틀러가 식당에 들어선 순간부터 나는 그가 마음에 들었다. 싱그러운 에너지를 발산하는 코틀러는 눈도 거의 깜박이지 않고 대화에 집중했다.

코틀러는 몰입이란 어떤 활동에서 모든 에너지를 쏟아부으면서 몰두해 최고의 성과를 달성하는 순간이라고 정의했다. 그 순간에는 시간과 공간을 비롯한 모든 것이 사라지는 것만 같다. 그는 내가 서핑을 하면서 느낀 그 진귀한 순간을 정확하게 묘사했다. 또한 '더 존the zone', 즉 몰입 상태는 우리가 살면서 추구할 수 있는 가장 바람직한 상태인 동시에 가장 달성하기 어려운 상태라고 설명했다.

코틀러에 따르면 몰입을 추구하는 사람들은 그 경험을 일관성 있고 믿을 만한 방법으로 재현하기 위해 수 세기 동안 애썼지만 대부분 제대로 성공하지 못했다고 한다. 그나마 몰입에 성공한 사람이 있다면 바로 서퍼, 스키 선수, 산악인처럼 우뚝 솟은 절벽이나 중력에 도전하는 무시무시한 장애물과 계속 싸워야 하는 운동선수들이다. 그렇다면 이들의 내면에서는 어떤 경기가 펼쳐질까? 코틀러는 몰입 상태에 빠지면 뇌에서 에피네프린이나 도파민처럼 운동 능력을 향상시키는 화학물질이 연쇄적으로 분비돼 집중력이 높아지고 신호 대 잡음비signal-to-noise ratios가 낮아진다고 이야기했다.*

코틀러는 라임병에 걸리고 몰입을 연구하기 시작했다. 3년 동

---

* Steven Kotler, "Social Flow: 9 Social Triggers for Entering Flow(사회적 몰입: 몰입 상태에 빠져들기 위한 9가지 사회적 기폭제)", Medium, 2014년 2월 21일, https://medium.com/@kotlersteven/social-flow-b04436fac167.

안 병상에 누워 고통에 시달린 그는 병 때문에 극도의 편집증 환자가 됐다. 종종 환각을 봤고 장단기 기억이 사라졌고 읽지도 쓰지도 못했으며 녹색을 인식하지 못했다. 코틀러는 당시를 회상하며 정말 무서운 경험이었고 자기가 미쳐가는 과정을 지켜보는 것보다 지독한 일은 없을 거라고 말했다. 당시 서른 살이었던 그는 스스로 생을 마감할 생각까지 했다.

그러던 어느 날 한 친구가 코틀러의 기분을 북돋기 위해 같이 서핑을 하러 가자고 부추겼다. 서핑을 하고 돌아온 그는 체력이 완전히 고갈돼 2주 동안 침대에서 거의 나오지도 못했다. 하지만 기력이 돌아오자마자 또 서핑을 하러 갔다. 서핑을 할 때마다 평소와는 다른 의식 상태에 접어들었다. 이런 몰입 상태가 몸안의 스트레스 호르몬을 모두 씻어내고 운동 능력을 향상시키는 호르몬을 가득 생성했다. 덕분에 신경계 기능이 다시 제자리로 돌아왔고 결국 라임병을 치료하는 데도 도움이 됐다.* 나는 그 말에 깜짝 놀라 대화 내내 얼빠진 얼굴로 앉아 있었다.

코틀러와 저녁을 먹은 뒤 몇 주간 나는 몰입과 관련된 영상

---

* "Steven Kotler on Lyme Disease and the Flow State(스티븐 코틀러, 라임병과 몰입 상태에 관해 말하다)", Joe Rogan Experience Podcast 873회, Youtube, 2016년 11월 21일, https://www.youtube.com/watch?v=X_yq-4rem00.

이나 기사, 인터뷰, 온갖 흥미로운 자료들을 찾아보면서 시간을 보냈다. 이를 통해 변화된 정신상태라는 개념을 종합적으로 생각하게 됐고 환각제가 우리 의식에 미치는 영향을 다룬 마이클 폴란Michael Pollan의 책《당신의 마음을 바꾸는 법How to Change Your Mind》까지 읽었다.

호기심 대화가 나를 이런 식의 탐구 여정으로 이끄는 건 드문 일이 아니다. 사람들을 만날 때마다 더 많은 걸 배우고 싶다는 욕구가 요동치기 때문이다. 이쯤 되면 다들 짐작했겠지만 요즘은 폴란에게 이야기를 나눌 수 있는지 물어보려고 연락을 취하는 중이다!

호기심 대화의 내용은 그때그때 다르다. 나는 항상 최선을 다해 질문 리스트를 준비하기는 하지만 성공적으로 대화하려면 열린 자세로 경탄하는 능력을 갖추는 게 훨씬 중요하다. 그 대화의 결론이 어디에 도달할지 염두에 두지 말아야 진정한 대화를 나눌 수 있다. 상대방이 하는 말에 순수한 관심을 기울여야 한다. 그리고 이런 대화의 몰입은 눈에서부터 시작된다. 호기심이 내가 다른 사람과 대화를 추진할 수 있게 해주는 엔진이라면 눈을 마주치는 것은 발화점이다.

호기심 대화를 나눌 때 관심 어린 눈길로 상대방을 바라보면 그의 말을 집중해서 듣고 질문을 만들고 논의를 진전시키는 데 도움이 된다. 대화의 성공에 결정적인 역할을 하는 메시지도 전달할 수 있다. 그 눈빛이 내가 상대방에게 집중하고 있고 이 대화에 몰두하고 있음을 보여줄 뿐만 아니라 상대방의 존재와 그가 가진 지식, 경험을 중요하게 여기고 있다는 인상을 주기 때문이다. 일하는 업계나 지위, 열정에 상관없이 지구상에서 자신의 가치를 확인받고 싶어 하지 않는 사람은 한 명도 없다. 당신이 상대방을 중요한 사람이라고 생각한다는 느낌을 주면 상대방은 당신에게 자기가 누구고 왜 그런 일을 하는지 솔직하게 터놓고 이야기할 것이다. 그리고 당신을 알고 싶어 할 것이다.

사랑은 일방통행이 아니라는 말을 자주 들어봤을 것이다. 사실 그 어떤 인연도 일방적으로 이뤄질 수는 없다. 직장이나 가정에서의 경험을 생각해보라. 학교에서 돌아온 딸에게 아무것도 묻지 않고 내 일과에 대해서만 계속 이야기한다면 아무 호응도 얻지 못할 것이다. 상대의 삶에 대해서는 아무 관심도 표하지 않은 채 자기 이야기만 하고 싶어 하는 사람과 말할 때도 마찬가지다. 대화에도 몰입이 필요한 이유다.

최고의 호기심 대화는 두 사람 다 열심히 대화에 참여하면서 서로에게서 뭔가를 배우는 대화다. 서로의 눈을 열심히 쳐다보

면서 경청하고 공감하며 때로는 자신의 연약한 부분까지 드러
내면서 신뢰를 쌓고 의견을 교환해야 친밀감이 생긴다.° 그렇게
되면 환상적인 데이트를 하는 기분이 들며 그 관계가 절대 끝나
지 않기를 바라게 된다.

상대는 이미 모든 걸 말했다

대화를 나눌 때는 상대방의 눈빛이나 표정, 몸짓을 읽어야만 얻
을 수 있는 비언어적인 정보 흐름이 계속 이어진다. 따라서 상대
방에게 모든 관심을 기울이면 더 다양한 데이터를 얻을 수 있다.

특히 눈을 들여다보면 상대의 감정을 더 잘 느낄 수 있다. 상
대의 눈빛이 반짝이면 내가 말하는 내용에 관심이 있다는 뜻이
다. 상대가 내 눈을 피하기 시작하면 지금 대화가 진행되는 방향
이 불편하거나 흥미를 잃어가고 있다는 뜻이다. 이런 단서들이
모두 대화를 올바른 방향으로 진행시켜 제대로 된 인간관계를

• Jill Suttie, "Why Curious People Have Better Relationships(호기심 많은 사람들의 대인관
계가 더 원만한 이유)", *Greater Good*, 2017년 5월 31일, https://greatergood.berkeley.edu/
article/item/why_curious_people_have_better_relationships/

맺는 데 도움을 준다.

이런 상황은 생각보다 자주 일어난다. 지금도 선명하게 기억
나는 일화가 하나 있다. 러디어드 키플링Rudyard Kipling의 환상적
인 모험 이야기를 바탕으로 만든 영화 〈왕이 되고 싶은 사나이
The Man Who Would Be King〉를 보고 나는 프리메이슨이라는 비밀 단
체에 호기심이 생겼다. 나는 프리메이슨 미국 서부 조직의 지역
책임자를 만나 호기심 대화를 나눌 수 있기를 간절히 바랐다.

프리메이슨에는 다양한 지위와 계급이 존재하는데, 그중에서
도 스코티시 라이트의 33도가 가장 지위가 높다.* 그들의 사무실
로 호기심 대화를 나누고 싶다는 내 마음을 설명하는 편지를 여
러 통 보내고 전화를 걸었다. 상당한 노력을 기울인 끝에 결국
약속을 잡았다.

그들과 만나기로 한 날, 위엄 있지만 눈에 잘 띄지 않게 생긴
나이 많은 신사 둘이 내 사무실로 찾아왔다. 둘은 부자로 보였는
데 아버지로 추정되는 사람은 여든 살 정도로 보였고 아들은 예
순에 가까운 것 같았다. 넥타이를 매고 체크무늬 정장을 입은 그

---

* Martin Stezano, "One Man Exposed the Secrets of the Freemasons. His Disappearance
  Led to Their Downfall(한 남자가 프리메이슨의 비밀을 폭로했다. 그의 실종이 몰락의 원인이
  되었다)", 2019년 1월 24일, https://www.history.com/news/freemason-secrets-revealed/.

들은 제2차 세계대전 이전의 신사들처럼 우아해 보였다.

나는 이 손님들이 내게 경계를 늦추지 않을 거라고 예상했다. 어쨌든 저들은 비밀단체의 일원이 아닌가! 하지만 놀랍게도 상황은 전혀 그렇지 않았다. 그들은 나와 마음이 잘 통했고 겸손하고 온화했다.

나는 그들이 들려주는 모든 이야기를 흡수할 준비가 돼 있었다. 아버지는 프리메이슨이 모든 개인이 세상을 변화시킬 수 있다는 믿음에 기반을 둔 세계 최초이자 최대 규모의 협회라고 자랑스럽게 설명했다. 오늘날까지 단체 회원은 거의 남성들로만 구성돼 있고, 이들이 표면적으로 내세우는 목표는 "선량한 사람들 중에서 더욱 뛰어난 사람을 만드는 것"이라고 한다.** 그는 계속해서 인생에는 쾌락이나 돈보다 많은 것이 존재한다고 믿으며 자기들은 명예와 진실성, 박애적 가치에 따라 살아가려고 애쓴다고 설명했다.

설명에 흥미를 느낀 나는 프리메이슨 조직이 어떻게 시작됐느냐고 물었다. 그러자 아들이 끼어들어서 프리메이슨의 기

** Mo Rocca, "Inside the Secret World of the Freemasons(프리메이슨의 비밀스러운 세계의 내부)", *CBS News*, 2013년 12월 8일, https://www.cbsnews.com/news/inside-the-secret-world-of-the-freemasons/.

원은 약 700년 전으로 거슬러 올라가며 중세시대 석공 조합에 그 뿌리를 두고 있다고 말했다.* 프리메이슨은 초기 미국인들의 생활에서 매우 중요한 역할을 했고, 알렉산더 해밀턴Alexander Hamilton과 폴 리비어Paul Revere 같은 혁명가는 물론 조지 워싱턴 George Washington과 앤드류 잭슨Andrew Jackson도 이 단체의 회원이었다고 했다.

한 번도 이런 모임에 가입해본 적이 없었던 나는 역사 속의 명사들이 보통 사람들은 존재조차 모르는 철학과 신비에 싸인 행동강령에 몰두했다는 사실에 매료됐다. 내가 던지는 많은 질문에 부자가 때로는 상세하게, 때로는 모호하게 대답해주는 동안 시간은 쏜살같이 흘러갔다. 한 시간가량 이야기를 나눈 뒤 아버지가 고개를 들어 날 보면서 말했다.

"그레이저 씨, 앞으로 우리와 함께 프리메이슨 회원으로 활동할 생각은 없습니까?"

그 순간 호기심 대화로 시작됐던 만남이 성격이 전혀 다른 제안으로 바뀌었다. 나는 뜻밖의 칭찬을 받은 것처럼 깜짝 놀라 눈

---

* Martin Stezano, "One Man Exposed the Secrets of the Freemasons, His Disappearance Led to Their Downfall(한 남자가 프리메이슨의 비밀을 폭로했다. 그의 실종이 몰락의 원인이 되었다)

이 휘둥그레졌다. 대답할 필요도 없었다. 당연히 그들과 함께하고 싶었다. 내 눈에 비친 표정과 고개를 살짝 갸웃거리는 모습만 봐도 그 제안을 선뜻 받아들이려고 하고 있다는 걸 알 수 있었다. 그가 계속 말했다.

"우리는 내부에서 이미 그 이야기를 해봤어요. 그리고 당신이 훌륭한 후보라고 느꼈죠. 다만 한 가지 묻고 싶은 게 있습니다."

"뭡니까?"

나는 냉정한 척하려고 했지만 매우 흥분된 상태였다. 내가 비밀단체의 일원이 돼주기를 바라다니!

"당신이 혹시라도 우리를 배신할 가능성이 있는지 알아야 합니다."

역사적인 울림이 담긴 강력한 질문이었다. 프리메이슨은 홀로코스트를 비롯한 탄압을 자주 당해왔고 또 다양한 음모론의 대상이어서 이런 심문을 하는 듯했다.

나는 즉시 대화의 기조가 바뀌었다는 걸 알아차렸다. 조금 전까지는 대화가 물 흐르듯 자연스럽게 이어지면서 분위기도 쾌활했는데, 이제는 좀 더 신중한 대답이 필요한 무거운 분위기가 흘렀다. 이건 결코 가벼운 질문이 아니었다. 또 단순히 형식적인 질문도 아니었다. 그들에게는 내 진심이 뭔지 아는 게 절대적으로 중요하므로 100퍼센트 솔직하게 답해야 했다.

내 생각은 번개처럼 빠르게 내달리고 있었다. 내가 그들을 배신할 수 있을지, 만약 배신한다면 어떤 형태의 배신일지 궁금했다. 공공연하게 그들의 신뢰를 저버리는 일은 없을 거라고 확신했지만, 프리메이슨은 매우 엄격한 기준과 엘리트로서의 명성을 지니고 있다.* 그런데 만약 내가 그걸 무심코 망친다면? 어쩌면 그들이 규정 위반으로 간주할 만한 일을 할 수도 있다는 생각이 들었다. 어쨌든 나는 유머와 편안함을 좋아하는 꽤 즉흥적인 사람이니까.

내가 처한 상황을 고려하면서 두 사람을 힐끗 쳐다봤다. 그들의 눈에는 신뢰와 다정함이 가득했다. 한 시간 동안 대화를 나누면서 그들이 신사라고 느꼈다. 그들은 대화 내내 나를 뚫어지게 바라보면서 내게 모든 신경을 다 쏟았다. 흠 잡을 데 없는 경청자였으며 내 작품에 인간의 용기와 힘이라는 주제가 반복적으로 등장하는 것에 감사를 표하기도 했다. 요컨대 그들은 나를 극진히 대우해준 것이다. 나는 그것에 보답하고 또 우리가 맺은 관

* "A Standard of Masonic Conduct(프리메이슨의 행동 기준)", *Short Talk Bulletin*, 7, 12호 (1929년 12월), http://www.masonicworld.com/education/files/artfeb02/standard%20 of%20masonic%20conduct.htm.), https://www.journals.uchicago.edu/doi/10.1086/691462.

계를 존중하고 싶었다. 매우 배타적인 조직에 가입해달라는 초대를 받아 우쭐해졌다. 한번 가입해볼까 하는 기분도 들었지만 내가 무슨 답을 해야 하는지 알고 있었다. 그 집단에 대한 내 관심이 그들 혹은 내가 지향하는 인생의 큰 목적과 일치하지 않는다는 걸 알기 때문이었다.

"미안합니다. 그건 힘들겠네요."

내 대답에 아버지는 깜짝 놀라 나를 쳐다봤다. 그는 분명히 내 결정에 당황한 듯 보였다. 아들은 어떻게 반응해야 할지 가늠하기 위해 아버지를 바라보고는 그의 표정을 똑같이 따라 했다. 딱히 마음 편한 순간이었다고는 할 수 없지만 그게 옳은 결정이라는 걸 직감적으로 알았다.

우리의 생각은 서로 달랐다. 나는 그들과 그들이 속한 조직에 대해 더 자세히 알고 싶다는 것 외에는 아무런 계획도 없이 이 만남에 임했다. 반면 프리메이슨 부자는 정치, 교육, 산업, 기술, 예술 등 다양한 분야의 유력 인사들과 관계를 맺는 데 관심이 있었기 때문에 이 자리에 온 것이다.

그들에게 이 만남은 내 의향을 떠보고 어쩌면 새로운 회원을 영입할 수도 있는 기회였다. 만약 내가 주의를 기울이지 않았다면 그들의 초대가 진지하다는 걸 미처 깨닫지 못하고 농담을 하거나 성급한 결정을 내릴 수도 있었을 것이다.

　지나고 나서 생각해보니, 프리메이슨 부자가 던진 질문 중 몇 가지에는 일이 진행되는 방향을 좀 더 일찍 알아차릴 수 있는 단서가 들어 있었던 것도 같다. 예를 들어, "브라이언, 신을 믿으십니까?"라는 질문은 내가 자기들의 강령 요건에 부합하는지 여부를 평가하기 위한 질문이었던 것이다.

　하지만 중요한 사실은 결국 내가 그들의 의도를 제대로 이해했다는 점이다. 그때 만약 프리메이슨 가입 제의를 받아들였다면 어떤 일이 일어났을지는 알 수 없는 일이다. 어쨌든 지금까지는 거절하기로 한 당시의 결정을 후회한 적이 없다.

　대화의 분위기가 어떻게 흘러가는지 파악하는 데 예리해지면 관계를 발전시킬 찰나의 순간을 알아차리고 붙잡을 수 있다. 나아가 대화가 예기치 못한 방향으로 돌아가거나 우리가 맺고 있는 관계의 성격이 바뀌기 시작할 때 더 적절하게 반응하고 대처할 수 있다.

푸틴이 내게 알려준 것

나는 지금껏 사람들과 관계를 맺거나 관계에 중요한 단서를 이해하기 위해 꽤 열심히 노력해왔다. 그 결과 대화에는 꽤 능숙해졌다. 하지만 안심해서는 안 된다. 관계를 해석하고 사람들이 보내는 신호와 관련해서는 항상 겸손한 자세를 유지해야 한다.

나는 냉전이 한창일 때 성장했다. 어릴 때, 러시아인들은 우리의 적이며 미국의 핵심적인 민주주의적 가치와 완전히 상반되는 것들을 옹호한다고 배웠다. 실제로는 영화에서 본 것 외에 러시아에 대해 아는 게 별로 많지 않았지만 50년대 후반과 60년대 초반 즈음에 성년이 된 나는 러시아에 가는 일은 달에 가는 것 이상으로 가능성이 희박하다고 여겼다.

하지만 최근에 기회가 생겼다. 나는 블라디미르 푸틴Vladimir Putin이 러시아 대통령이 된 후로 계속 그와 호기심 대화를 나누고 싶었다. 물론 그는 세계인들이 두려워하는 지도자다. 하지만 엄청난 힘과 영향력을 지닌 사람이자 냉전의 상징, 전직 KGB 장교라는 점이 내 호기심을 자극했다.

그렇다고 내가 그의 전술이나 신념에 동의한다는 이야기는 아니다. 나는 일부러 생각이나 가치관이 나와 일치하지 않는 사람들과 종종 대화를 나누곤 한다. 마약 카르텔이나 야쿠자 조직원들도 만났다. 피델 카스트로Fidel Castro와 로스앤젤레스 폭동 때 논란이 됐던 대릴 게이츠Daryl Gates 전 경찰국장도 만났다. 내가 만난 사람들이 전부 조너스 소크 같은 위인은 아니다. 내 목표는 시야를 넓히는 것, 세상을 바라보는 방식을 확대하는 것이다. 그 과정이 다소 불편하더라도 말이다.

하지만 대체 어떤 수작을 부려야 푸틴을 만날 수 있단 말인가? 그냥 전화기를 들고 여기저기에 무작정 초대를 부탁할 수는 없었다. 그를 만난다는 건 현실적이지 않은 일처럼 보였기 때문에 사실 뭔가를 제대로 추진한 적도 없었다. 하지만 호기심 대화를 위해 누구를 가장 만나고 싶으냐는 질문을 받을 때마다 나는 푸틴이라고 대답했다.

우리 회사에 영화 보증 계약 일을 하는 아버지를 둔 직원이 있었다. 그의 이름은 스콧이고 아버지 이름은 스티브였다. 스콧은 내가 푸틴을 만나고 싶어 한다는 걸 알고 있었다. 어느 날 그가 전화를 걸어왔다.

"푸틴이 아버지 동료들에게 연락을 했는데요. 푸틴이 당신을 만나는 데 관심이 있대요. 대화를 나누고 싶답니다."

"정말요?"

뭔가 수상쩍게 들렸다. 일단 스콧은 우리 회사를 퇴사한 상태였다. 게다가 러시아 대통령이 나와 대화를 나누기 위해 적극적으로 손을 내밀 가능성은 더없이 낮아 보였다. 하지만 나는 더 이상 그의 상사가 아니니까 스콧이 굳이 아부해서 내 환심을 살 이유도 없었다. 그래서 이렇게 물었다.

"이게 어떻게 된 일이에요? 그 이야기를 어떻게 들었죠? 하나도 빼놓지 말고 자세히 좀 말해봐요."

"아버지가 말해줬어요. 러시아 신흥 재벌인 사업 동료에게 당신이 푸틴을 만나고 싶어 한다는 이야기를 했더니 푸틴이 당신을 만나겠다는 전갈이 왔대요."

영화 보증 계약은 완성 보증이라고도 부르는데, 영화를 완성할 수 있게 보장해주는 일종의 보험이다. 스티브의 회사는 우리가 상상할 수 있는 모든 곳에서 영화 보증 계약을 체결했고 덕분에 전 세계에 광범위한 네트워크를 형성했다. 스티브는 그 일을 수십 년 동안이나 해왔다. 그 연줄이 푸틴에게까지 닿은 것이다.

장난처럼 들렸다. 푸틴이 무슨 말을 했는지는 고사하고 그가 (진짜로 무슨 이야기를 들었다면) 무슨 이야기를 들었는지 누가 알겠는가? 마침 제작자로 일하는 친구 중에 영향력 있는 러시아인 몇 명과 연줄이 있는 사람이 있었다. 그래서 전화를 걸어 확인해

달라고 부탁했다. 잠시 뒤 다시 전화가 왔다.

"진짜라는데요. 사실이래요."

"음, 사실이라는 게 무슨 말이죠?"

"확인해봤다고요. 이메일도 읽어보고 관련자가 누군지도 조사해봤어요."

"이메일을 직접 봤으면 좋겠고 또 당신이 알아낸 사실을 더 자세히 듣고 싶어요."

그 이메일은 확실히 겉보기에는 진짜처럼 보였다. 또 다른 러시아 친구가 그 주소는 실제로 정부에서 사용하는 이메일 주소며 이메일에 만나자는 공식 초대장도 들어 있다고 확인해줬다. '좋았어, 드디어 러시아에 가게 됐군' 하는 생각이 들었다.

소식을 들은 스콧이 함께하고 싶다는 의사를 전해왔다. 내게 이런 기회를 안겨준 사람이니 좋다고 했다. 러시아인들이 모스크바 방문 경비를 전부 대주고 누구든 데려오고 싶은 사람이 있으면 그들의 경비까지 대주겠다고 했기 때문에 상관없었다. 여기에 스티브까지 더해져서 함께 여행할 사람이 꽤 늘었다. 베로니카도 같이 가기로 했다.

그로부터 겨우 두어 주 후, 우리는 로스앤젤레스 공항 루프트한자Lufthansa 일등석 라운지에 앉아 있었다. 거기에는 우리를 맞이하기 위해서 온 키 크고 열정적인 검은 머리의 러시아 남자가 한 명 있었는데 그의 이름은 끝끝내 듣지 못했다. 내가 아는 건 그가 우리를 만난 순간부터 땀을 흘리고 있었다는 것뿐이다. 그것도 아주 심하게.

공항에는 헌팅턴이라는 남자도 있었다. 그는 미국인이었다. 헌팅턴과 검은 머리 러시아 남자는 둘 다 미국에서 영화 제작 자금을 대는 것으로 유명했고 스티브와도 어느 정도 인연이 있었다. 하지만 나는 왜 이들이 우리와 함께 여행을 하는지 이해할 수가 없었다.

나는 러시아 남자의 인중에 땀방울이 맺혀 있는 걸 발견했다. 30분 내내 가만히 앉아 있기만 했는데 인중에 땀이 고인다니 뭔가 이상해 보였다. 평소라면 푸틴을 만날 정도로 중요한 일을 함께하는 사람이 그렇게 이유를 알 수 없이 땀을 흘렸다면 분명 위험 신호로 받아들였을 것이다. 하지만 이때만 해도 푸틴에 대한 호기심 때문에 그들이 보내는 단서를 외면했다. 헌팅턴이나 러시아 남자 모두 내가 예상한 것과는 다른 일에 말려들게 될지도 모른다는 미심쩍은 기분을 부추기는 또 하나의 관찰 대상이었을 뿐이었다.

비행 과정은 편안하고 수월했다. 모스크바에 도착한 우리는 여권을 거의 보여줄 필요도 없이 빠르게 세관을 통과했고 롤스로이스를 타고 빠르게 이동했다. 그들은 우리를 아라라트 파크 하얏트 호텔(원래는 리츠칼튼 호텔에 묵을 예정이었다)로 데려가서 여행 일정을 알려줬다.

그날 밤에는 펜트하우스에 자리한 우아한 러시아 식당에 가서 캐비어와 샴페인을 먹을 예정이었다. 다만 예상했던 것보다는 캐비어 양이 약간 적었다(왜 이것 때문에 놀랐는지는 잘 모르겠다). 이미 나를 여기까지 데려온 상태에서 또 캐비어로 유혹하려는 게 이상하다는 생각이 들었지만 그런 건 잊으라고 되뇌었다.

다음 날 정오에는 푸틴의 공보 비서인 드미트리 페스코프Dmitry Peskov를 만나기로 돼 있었다. 그리고 화요일 오후 3시에 푸틴을 직접 만나게 된다고 했다. 모든 게 다 좋아 보였다. 단지 푸틴이 왜 나를 만나려고 하는지 이유를 아직도 정확히 알지 못했지만 한편으로 호기심 대화를 위해 나와 만나는 걸 거절한 지도자나 국가원수는 한 명도 없었다. 아마 내가 세계 각국 지도자들과 이런 대화를 나눈다는 소문을 듣고 본인도 참여하고 싶어진 모양이라고 생각했다.

월요일 아침 우리는 호텔에서 또 다른 러시아인들을 만났다. 그 가운데 매우 미끈한 근육질 몸매에 가죽 바지와 가죽 재킷,

오토바이 부츠 등 머리부터 발끝까지 온통 검은색으로 빼입은 사람이 있었다.

"이쪽은 세르게이예요. 그레이저, 인사하세요."

인사를 했다. 세르게이는 아무 말 없이 아주 신중한 눈빛으로 나를 위아래로 훑어보고는 악수를 한 뒤 그대로 자리를 떴다. 스콧의 아버지에게 물었다.

"저 사람은 누굽니까?"

"푸틴과 아주 친한 친구입니다."

"친한 친구요?"

"푸틴에게 무술을 가르치죠. 그냥 당신을 한 번 만나볼 필요가 있었던 것뿐이에요."

'흠, 별일이네.' 속으로 그렇게 생각했다. 물론 푸틴 같은 사람이 자기가 신뢰하는 사람을 통해 나를 확인해보고자 하는 것도 이해가 갔다.

마침내 우리는 페스코프를 만나러 크렘린으로 향했다. 크렘린은 우리 호텔에서 그리 멀지 않은 곳에 있었다. 그곳에 도착한 뒤에야 우리 중 몇 명만이 회의에 참석할 수 있다는 말을 들었다. 그러자 우리와 함께 있던 정체를 모를 다른 러시아인들도 모두 떠났다. 이 정도면 공평한 수준이었다. 어차피 누구나 다 참석할 수 있는 자리는 아니었고 어쨌든 그 사람들이 누구인지도 몰랐으니 말이다. 스콧과 그의 아버지 스티브, 로스앤젤레스 공항에서 만난 두 남자(헌팅턴과 땀을 줄줄 흘리던 러시아인), 나까지 다섯 명만 페스코프와의 회의에 참석하기로 했다.

우리 일행은 잔뜩 굳은 얼굴로 크렘린의 긴 복도를 따라 걸어 갔다. 우리만큼이나 굳은 얼굴을 한 별 특징 없는 비서가 우리를 좀 작고 삭막한 대기실로 안내했다. 가운데에 작은 탁자만 하나 있고 의자도 충분치 않아서 몇 명은 앉고 몇 명은 서서 기다렸다. 페스코프는 약속 시간이 지나도 나타나지 않았다. 불안한 마음이 고조됐다. 아무도 입을 열지 않은 채 초조하게 서로를 둘러보면서 아무렇지 않은 척하고 있었다. 너무 조용해서 내 시계 초침이 똑딱거리는 소리까지 들리는 것 같았다.

정확히 10분 후, 페스코프의 사무실로 안내받았다. 나는 이 상황을 균형 있는 시각으로 보려고 노력했다. 페스코프를 만난 적이 있는 내 친구는 그에 대해 "나는 그를 꽤 좋아해요. 좋은 사람이거든요"라고 말했었다. 나는 그 말을 떠올리며 푸틴의 공보 비서가 아주 약간이라도 대하기 쉬운 사람일 거라 믿으려고 애썼다.

마침내 페스코프가 들어왔다. 그는 우리를 별로 환영하는 기색이 아니었다. 나는 늘 그렇듯이 조금이라도 더 느긋하고 편안한 분위기를 만들려고 애썼다.

"페스코프 씨, 제 친한 친구가 안부를 전해달라고 했습니다."

페스코프는 멀뚱한 얼굴로 쳐다보면서 고개만 끄덕였다. 감정이라고는 찾아볼 수 없었다. 그는 자리에 앉아 깍지 낀 양손을 탁자에 올려놓았다. 페스코프는 푸틴의 오른팔이라고 하면 떠오르는 이미지를 그대로 재현한 듯한 조급하고 쌀쌀맞은 사람이었다. 그는 바로 본론으로 들어갔다. 그의 근엄한 목소리가 잔뜩 긴장된 공기를 칼처럼 갈랐다.

"원하는 게 뭡니까?"

"원하는 건 아무것도 없습니다. 이건 댁이 계획한 일인 줄 알았는데요."

그 말을 끝으로 나는 더 이상 아무 말도 하지 않았다. 나머지는 이 만남을 실제로 주선한 방 안의 다른 사람들이 말해야 한다고 생각했다. 어쩌면 그들은 왜 우리가 여기 있는지 그리고 페스코프가 놀랍게도 왜 그 이유를 모르는 것 같은지 설명할 수 있을지도 몰랐다. 정적을 깨고 누군가 말을 꺼냈다.

"우리가 여기 온 이유는 그레이저가 러시아를 좋아하기 때문입니다. 그래서 우리 대통령에 대한 영화를 찍고 싶답니다. 그는 수학자 존 내시의 업적을 기리는 〈뷰티풀 마인드〉를 제작했는데, 러시아를 위해서도 그와 비슷한 일을 하고 싶어 합니다. 그 레이저는 서구 사람들이 지난 20년 동안 그가 사랑하는 러시아에서 벌어진 일을 오해하고 있다고 생각합니다. 또 미국 정부는 허수아비 정권이라고 생각하고요.”

땀을 흘리는 검은 머리의 러시아인이 말했다. 나는 그를 빤히 쳐다봤다. 그가 한 말은 단 한 마디도 사실이 아니었다.

방 안에 있는 사람들 모두 지금 무슨 일이 벌어지고 있는지 알아차리지 못한 것 같았다. 그들도 모두 내가 그런 이유 때문에 이곳에 왔다는 생각에 동의하는 것 같았다. 나는 이 회의에 진실을 알려야겠다고 결심하고 페스코프 쪽으로 몸을 돌렸다.

“미안하지만 그건 절대 사실이 아닙니다. 나는 푸틴 대통령이나 러시아에 관한 영화를 만들 생각이 전혀 없어요. 애초에 현대정치에 관한 영화를 만들지도 않고요. 또 방금 말한 이 남자가 누구인지도 모릅니다!”

페스코프가 나를 쳐다보는 눈길을 통해 러시아 남자가 한 말은 헛소리고 내가 하는 말이 진실이라는 걸 알고 있다는 것을 바로 느낄 수 있었다. 누군가 거짓말을 해서 이런 자리를 마련한게 분명했다.

“미안합니다. 난 그냥 대통령을 만나 별다른 의제 없이 대화를

나누려고 온 겁니다. 버락 오바마나 로널드 레이건Ronald Reagan,
피델 카스트로, 마가렛 대처Margaret Thatcher와 했던 것처럼요."

그런 일은 절대 있을 수 없다는 듯 페스코프가 고개를 저었
다. 내가 말을 이었다.

"그럼 여기서 끝내는 게 최선이겠군요. 푸틴 대통령을 만나는
건 안 될 일일 것 같네요."

"맞습니다."

놀랍게도 그 방에 있던 다른 사람들은 모두 회의가 아주 성공
적으로 끝난 다른 현실 속에 있는 것처럼 보였다.

"아주 멋진 만남이었어!"

방 안에 있던 사람들이 서로에게 그렇게 말했다. 검은 머리 러
시아 남자가 큰 소리로 말했다.

"브라이언, 페스코프 씨와 둘이서 사진 한 장 같이 찍지 않을
래요?"

내가 원하는 건 얼른 그 자리에서 빠져나오는 것뿐이었다. 나
는 페스코프를 흘끗 쳐다봤다. 그도 사진을 찍을 생각이 없어 보
였다.

"사진은 안 됩니다."

페스코프가 단호하게 말했다. 우리는 악수를 했다. 그는 혹시

영화를 만들고 싶으면 자기에게 연락하라고 말했다.

그 만남은 애초에 실망을 안겨줄 운명이었다. 페스코프와 내가 각자 원하는 것을 얻을 방법은 없었다. 나는 러시아 대통령과 호기심 대화를 나누고 싶었다. 언론 담당 비서는 자기가 해야 할 일을 했다. 아마 내가 제안한 것 같은 애매한 성격의 만남으로부터 러시아 대통령을 보호하는 것도 그가 해야 하는 일 중에 하나일 것이다. 우리의 욕구는 공존이 불가능하고 상호배타적이었다. 아무리 그와 눈을 마주치고 설득해도 그 상황을 바꿀 수는 없었다.

관계를 맺으려는 시도는 대부분 긍정적인 결과를 낳게 마련이다. 하지만 모든 관계가 바라는 대로 이뤄지는 건 아니다. 제대로 주의를 기울이고 있으면 이런 실패의 징후를 미리 알아보고 내가 러시아에 겪은 것 같은 혼란을 방지할 수 있다.

우리는 어떤 일을 간절히 바랄 때 자기가 원하는 결과와 일치하지 않는 것들을 모두 합리화하거나 정당화한다. 이 일의 모든 단계를 되짚어보면서(집으로 돌아가는 긴 비행 동안 베로니카와 함께 고통스러울 정도로 세세하게 돌이켜봤다) 내가 바로 그런 실수를 저질렀다는 걸 깨달았다. 푸틴과 함께 마주 앉아 호기심 대화를 나눌 수 있기를 너무나도 간절하게 바란 나머지 정보에 입각한 진실을 다 무시했던 것이다.

타인과 대화를 나눌 땐 그가 하는 말뿐만 아니라 비언어적 신호와 그 상황을 둘러싼 분위기, 맥락에도 주의를 기울여야 한다. 내가 의도한 대로 쉽게 대화가 흘러간다는 착각에 빠져 중요한 메시지를 놓치진 않았는지 돌아보자. 정말 대화가 끝날 때까지 내 앞에 있는 상대의 모든 것에 몰입해야 한다. 그래야 언어 뒤에 숨어 있는 모든 징후를 포착하고 현명하게 대응할 수 있다.

이런 경험 때문에 좀 두렵거나 도전적인 관계를 추구하려는 의욕이 꺾였느냐고? 천만의 말씀이다. 하지만 다음에는 캐비어가 좀 모자라는 것처럼 보이면 그 신호를 무시하지 않을 생각이다.

정리하기

PART 2
마음을 흔드는 대화의 기술

대화에도 준비가 필요하다

- 대화를 나눌 때는 항상 이 행위가 상대에게도 도움이 된다는 것을 어필해야 더 많은 정보를 얻을 수 있다. 풍성한 대화를 나누고 싶다면 대화를 나눌 상대의 정보를 사전에 많이 모으고 그가 어떤 주제에 관심을 가질지 생각해보자.

- 대화에서 가장 중요한 것은 진정성이다. 숨겨진 속셈 없이 상대방에 대한 진정한 호기심과 존중을 보여줘야 그의 마음을 열 수 있다.

- 강력한 비전은 사람의 마음을 사로잡는다. 당신이 하는 말이 곧 당신의 신념을 대변한다. 성공하고 싶다면 다른 사람이 신뢰할 만한 비전을 구축하고 자신감 있게 그 비전을 드러내라.

많은 사람들 앞에서 이야기하는 법

- 공감은 대화를 지속시키고 화자와 청자를 연결하는 가장 중요한 매개체다. 많은 사람들이 보편적으로 공감할 수 있는 메시지를 담아 이야기하자. 또한 당신이 하는 이야기를 넘어 당신 자체에도 공감하도록 만들자.

- 윌 스미스 같은 슈퍼스타도 많은 청중 앞에서는 먼저 말을 꺼내야 한다. 다른 사람들이 나를 알아줄 거라고 생각하지 말고 겸손하지만 자신감 있게 말을 꺼내자.

- 내 앞에 앉아 있는 사람들 전체를 사로잡으려 하지 말고 그 안의 한 명 한 명과 연결된다고 생각하자. 당신이 이야기를 망치길 바라는 사람은 없다는 것도 기억하자. 연설이 쉬워질 것이다.

대화에서 말하기보다 중요한 것

- 때로 대화에서는 말하는 것보다 듣는 것이 더 중요하다. 사람들은 남이 자기 말을 경청할 때 존중받는다고 느낀다.

- 대화는 끝날 때까지 끝난 게 아니다. 상대가 말하지 않는 정보를 알아차리기 위해서는 언어를 넘어선 분위기까지도 파악해야 한다. 끝까지 상대의 말에 집중하자.

인생을 바꾸는
인간관계의 힘

CHAPTER 11

처음 만난 사람들이
나에게 알려준 것들

"

모든 사람이
영혼과 영혼의 진정한 연결을
얻기 위해 노력한다.

"

_ 오프라 윈프리

셔먼 오크스에서 자란 나의 세계는 매우 좁았다. 어렸을 적, 집과 학교, 식료품점, 헬렌 이모와 버니 이모부가 사는 집이 포함된 반경 5킬로미터 범위 밖으로 나가는 일은 거의 없었다.

보통 사람들은 책을 통해 시야를 넓히고 다른 세계를 알아간다. 하지만 나는 난독증을 앓았기 때문에 그러지 못했다. 그러나 나이를 먹으면서 삶의 지평을 넓히고 더 큰 세상을 알아갈 수 있는 쉽고 간단한 방법이 있다는 걸 깨달았다. 바로 사람을 만나는 것이다.

새로운 인연이 열어준 세상

나는 경험과 견해, 생활방식이 나와 다른 사람들과 인연을 맺을 기회를 계속해서 찾고 있다. 이를 위해 때로는 특정한 사람들과 미리 약속을 잡지만 보통은 스케이트 보드 타는 사람이나 바텐더, 거리의 예술가, 점성술사 등 우연히 만나는 낯선 사람들과 대화를 나눈다. 그들이 누구고 대화가 어떻게 진행되든 간에 이렇게 새로운 사람을 만날 때마다 그들의 눈을 통해 세상을 바라볼 기회를 얻는다. 인생은 더 풍요로워지고 남들에게 더 공감할 줄 아는 동정심 많고 현명한 사람이 된다.

지금부터 소개할 일화도 우연한 만남에서 비롯됐다. 어느 해 명절 나는 베로니카와 함께 부에노스아이레스에 방문했다. 마지막 날 저녁 우리는 친구가 추천해준 현대적이면서도 분위기가 좋은 식당에서 저녁을 먹었다.

그때 대단히 매력적인 웨이터가 주의를 끌었다. 외모는 꽤 어려 보였지만 그는 진정한 카리스마로 모든 테이블을 매료시켰다. 경험 많은 급사장처럼 노련해 보이기까지 했다. 그의 세심한 배려와 우리가 던진 질문에 자세한 사항을 꼼꼼히 답해주는 전문가다운 모습에 감명을 받았다.

우리는 숨김없이 찬사를 표하면서 그와 대화를 나누기 시작했다. 그 결과 웨이터의 이름(에두아르도)과 그가 겨우 4년 전 낯선 나라의 낯선 도시로 이주해서 일자리를 찾기 위해 가게마다 문을 두드리고 다녔다는 걸 알게 됐다. 이 식당은 한 번도 웨이터로 일해본 경험이 없는 그에게 기회를 줬고 에두아르도는 그 후로 줄곧 이곳에서 일했다.

에두아르도가 베네수엘라 고향 집을 떠났을 때 나이는 고작

열여덟 살이었다. 당시 베네수엘라는 폭력 사태가 빈발했을 뿐만 아니라 심한 식량 부족으로 경제위기에 처해 있었다.[*]

나는 그에게 아는 사람이 하나도 없는 외국 땅에서 일자리를 구할 수 있을 거라고 믿은 이유가 뭔지 물어봤다. 그러자 에두아르도는 부에노스아이레스가 영어권 관광객에게 인기 있는 도시라서 영어를 할 줄 아는 자신의 능력이 도움이 될 거라 생각했다고 설명했다. 나는 그 대답을 듣고 어떻게 영어를 공부했는지 물었고 그는 집을 떠나기 전 영어로 된 비디오 게임을 하면서 혼자 연습했다고 답했다.

저녁 내내 우리는 여러 가지 이야기를 주고받았다. 에두아르도는 우리에게 음식이나 음료를 날라다 줄 때마다 인생의 세부적인 계획을 조금씩 말해줬다. 예를 들어 그는 돈을 충분히 모으면 카라카스에 있는 여자친구를 데려와서 결혼할 계획이며 지금은 서로 멀리 떨어져 있어서 견디기 힘들다고 말했다. 둘이 함께 찍은 사진을 보여주기도 했다. 우리는 이렇게 용감한 사람이라면 마음먹은 일은 뭐든지 해낼 수 있으리라고 확신했다. 에두

---

* Rahima Nasa, "Timeline: How the Crisis in Venezuela Unfolded(타임라인: 베네수엘라 위기는 어떻게 진행되었나)", *PBS Frontline*, 2019년 2월 22일, https://www.pbs.org/wgbh/frontline/article/timeline-how-the-crisis-in-venezuela-unfolded/.

아르도와의 인연 덕분에 그날의 식사가 인생에서 절대 잊지 못할 특별한 사건이 됐다.

우리는 모두 자기만의 생각과 존재, 사고방식에 갇혀 있다. 본인이 세상을 바라보는 시각에 너무 익숙해진 나머지 세상은 원래 그런 거라고 생각한다. 하지만 타인이 바라보는 세상이 얼마나 다른지 계속 상기하면 모든 것이 완전히 새롭게 보인다.

과감히 눈을 맞춰 새로운 인간관계를 만들었던 경험은 또 있다. 2018년에 파리를 방문했을 때 있었던 일이다.

2015년 11월, 파리에서 테러로 130명이 사망한 사건이 일어났다. 그중 상당수가 미국 출신이었고 록 밴드인 이글스 오브 데스 메탈Eagles of Death Metal이 공연 중이던 극장에서 죽음을 맞았다. 당시 뉴스를 통해 보도를 접하고 자세한 내용을 읽었지만 나는 이 도시에서 살아가는 사람들이 어떤 기분일지 도저히 상상이 가지 않았다.

그로부터 3년 뒤 파리에 갔다. 나는 택시 뒷좌석에 앉아 스마트폰을 들여다보며 쌓인 메시지를 확인할 생각이었다. 하지만 갑자기 테러 사건이 떠올랐고 그에 대해 이 차를 운전하는 프랑스인 로랑과 대화를 나눠보고 싶어졌다. 그 일이 그에게 개인적으로 어떤 영향을 미쳤는가? 파리 주민과 프랑스에는 어떤 영향을 미쳤는가? 내 질문에 로랑은 차를 공원 안에 세우고는 몸을 돌려 나를 쳐다봤다.

40분 동안 로랑과 나는 얼굴을 맞대고 당시 발생한 일련의 사건들과 그걸 극복하고 현재를 살아간다는 게 무엇을 의미하는지에 대해 이야기했다. 감정이 북받치는 대화였다.

로랑은 그 사건 때문에 수치심을 느낀다고 털어놨다. 그 말을 듣고 깜짝 놀랐다. 슬프고 두려운 건 당연한 일이지만 부끄럽다니? 그는 테러리스트들 때문에 프랑스인들 모두가 집단적인 무력감을 느끼게 됐다고 설명했다. 나는 그의 솔직한 고백에 감동했다. 로랑 덕분에 프랑스 사람들에 대한 이해가 깊어졌고 전에는 고려하지 않았던 시각으로 현재의 사건들을 바라볼 수 있는 또 다른 길이 열렸다.

어릴 때 내가 아는 세상은 캘리포니아의 작은 모퉁이뿐이었다. 하지만 지금은 전 세계를 돌아다닌다. 그러나 그곳에서 만난 사람들과 이야기를 전혀 나누지 않았다면 내 세상은 전혀 넓어지지 않았을 것이다.

어디에 있느냐보다 누구와 함께 있느냐가 훨씬 중요하다. 누군가와 인연을 맺을 때마다 새로운 문화를 탐험할 수 있다. 이때 가장 좋은 점은 비행기 표나 여행가방, GPS가 필요 없다는 것이다. 다른 사람과 관계를 맺고 싶다는 용기, 상대방에 대한 호기심, 열린 마음으로 귀 기울이고 배우려는 의지만 있으면 된다.

소녀 래퍼가 심어준 용기

현재 영화 및 텔레비전 프로그램 프로듀서로 일하는 나는 내가 일하는 업계가 아닌 다른 분야의 전문가들, 즉 스파이, 노벨상 수상자, 운동선수, 사업가 등 다양한 배경을 가진 사람들을 직접 찾아가 그들의 가치관을 알아내는 걸 좋아한다. 그들을 움직이고 영감을 고취시키는 게 뭔지 알아내려고 한다.

덕분에 앤디 워홀Andy Warhol, 캐서린 오피Catherine Opie, 제프 쿤스Jeff Koons, 마크 브래드포드Mark Bradford 같은 예술계의 거물들을 만났다. 버락 오바마, 로널드 레이건, 마거릿 대처, 요르단의 압둘라 이븐 알 후세인 2세Abdullah II Ibn Al Hussein, 모하마드 빈 살만Mohammad bin Salman, 베냐민 네타냐후Benjamin Netanyahu 같은 국가 원수들을 만나는 영광도 누렸다.

또 전설적인 투자자인 워런 버핏, 스팽스Spanx 창립자인 사라 블레이클리Sara Blakely 같은 비즈니스 구루를 만나기도 했다. 나아가 저명한 공상과학소설 작가 아이작 아시모프를 비롯해 수많은 유명인사들을 만나고 그들의 생각을 이해하게 됐다.

얼마 전에는 래퍼이자 인권 운동가인 소니타 알리자데Sonita Alizadeh와 우리 집 거실에서 이야기를 나눴다. 소니타는 열일곱 살 때 가족이 9,000달러를 받고 자기를 어린 신부로 팔아넘기려고 한 것을 알고 강제 결혼에 항의하는 랩을 발표해 많은 소녀들의 영웅이 됐다. "평생 침묵하며 살아야 하는 여성들을 대신해 나는 비명을 지른다" 같은 가사가 담긴 이 노래는 그의 고향인 아프가니스탄에서도 유명해졌다.* 길고 검은 머리에 크고 빛나는 눈을 가진 그는 수많은 고초를 겪었음에도 차분한 자신감을 발산했다.

소니타는 어릴 때 가족과 함께 탈레반의 압제 정치를 피해 이란으로 도망쳤다. 그리고 가족을 부양하기 위해 화장실 청소 일을 하면서 읽고 쓰는 법을 독학했다. 그러다 우연히 라디오에서 이란 래퍼 야스Yas와 미국 래퍼 에미넴Eminem의 음악을 듣고 힙합에 매료됐다.

• Flora Carr, "Rapping for Freedom(자유를 위한 랩)," *Time*, 2018년 5월 17일, https://time.com/collection-post/5277970/sonita-alizadeh-next-generation-leaders.

랩에서 자기를 표현할 출구를 발견한 소니타는 미성년 노동에 대한 노래를 만들기 시작했다. 어린 신부로 팔려가느라 교실에서 하나둘씩 사라져간 아프가니스탄 친구들과의 추억이 계속 떠올라서 더 이상 침묵을 지킬 수가 없었다. 이란에서는 여자가 노래를 부르거나 랩을 하는 게 불법이고 자기 의견을 공개적으로 밝히는 것도 몹시 위험한 일이어서 소니타는 가사를 쓴 종이를 가방에 숨기곤 했다. 그리고 미국에서 열린 아프가니스탄 사람들에게 투표권을 주기 위한 노래를 만드는 대회에 출전해 상금 1,000달러를 받았다. 소니타는 그 돈을 아프가니스탄으로 돌아간 어머니에게 보냈다.

곧이어 소니타는 강제 결혼을 당하는 아이들의 목소리를 대변하기 위해 〈팔려가는 신부Brides for Sale〉라는 곡을 만들었다. 그 일화를 이야기하며 소니타가 나에게 한 동영상을 보여줬는데, 화면 속의 소니타는 하얀 웨딩드레스 차림에 온몸에 멍이 들고 이마에는 바코드가 새겨진 모습으로 이런 관행에 반대하며 딸들을 팔지 말라고 외쳤다. 이 영상은 지금까지 100만 건이 넘는 조회수를 기록했고 소니타는 이 영상으로 인해 유타주의 음악학교에서 전액 장학금도 받았다.

소니타는 나에게 깊고 연민 어린 눈빛으로 어머니가 자기를 팔려고 한 것을 원망하지 않는다고 말했다. 또 세상에는 다양한 고통이 존재하지만 자기가 이루고자 하는 변화를 위해 목소리를 낸다면 희망도 많다고 이야기했다. 소니타는 과거에 매달리기보다 앞을 내다보면서 공동체 교육을 통해 전통과 문화를 바꾸려고 애쓴다. 소파에 앉아 이야기를 듣는 동안 나는 소니타 내면의 깊은 지식과 어른스러움, 높은 감수성을 느낄 수 있었다.

대화를 마친 뒤 우리는 식당으로 향했다. 그날 저녁 소니타는 우리 집에서 묵었는데 나와 아내는 우리 아이들이 소니타를 잘 알게 되면 좋겠다고 생각했다. 디저트를 먹은 뒤 소니타는 여느 10대들처럼 테이블에서 벌떡 일어나 내 아들 패트릭과 함께 마당을 이리저리 뛰어다니며 축구를 했다.

그날 나는 소녀 수백만 명을 성폭행과 강제 노동이 기다리는 비참한 삶으로 몰아넣는 일부 문화권의 오랜 전통에 대해서 알게 됐다. 소니타와 대화를 시작할 때까지만 해도 아프가니스탄이나 이란의 소녀들이 살면서 어떤 일들을 겪는지 전혀 알지 못했다. 소니타는 나에게 두려움 속에 살면서도 억압을 딛고 일어설 용기에 대해 알려줬고 그 덕분에 인간의 품위와 회복력, 희망에 대해 완전히 새로운 시각을 갖게 됐다.

이처럼 나는 새로운 사람을 만날 때마다 새로운 세계를 깨닫는다. 그 사람의 직업이 무엇이고 나이가 몇 살이든 모든 사람에게는 배울 점이 있다. 새로운 인간관계를 시작하는 것은 상대의 시각에서 새롭게 세상을 바라보는 방법을 가르쳐줄 뿐만 아니라 그를 만나지 않았더라면 죽을 때까지 영원히 알 수 없었을 인생을 알려준다.

CHAPTER 12

새로운 관계는
모두 두렵다

"

계속 취약한 상태를 유지하는 건
타인과의 연결을 경험하고 싶다면 감수해야 할 위험이다.

"

_ 브레네 브라운Brene Brown

나는 가끔 "뭘 그렇게 쳐다보는 거예요?"라는 말을 듣는다. 때로 다른 사람이 자기를 쳐다보는 걸 싫어하는 사람들이 있다.

학창시절, 나는 남의 시선을 극도로 의식했다. 제발 아무도 날 쳐다보지 않길 바랐다. 누군가가 날 보고 있다고 느끼거나 내 쪽을 힐끗거리는 걸 발견하면 즉시 방어적인 자세를 취하면서 그들을 몰아세웠다.

이런 태도 때문에 싸움에 자주 얽매였고 나는 '싸움을 거절하지 않는 애'라는 평판을 얻었다. 어딜 가나 언제나 나와 한판 붙고 싶어 하는 애들이 있는 듯했다. 예를 들어 열네 살 때는 텍사스 출신에 싸움을 잘하는 잭 존스Jack Jones라는 애가 학교 식당 한복판에서 당장 붙어보자며 내게 도전장을 던졌다.

다른 학생들이 몸을 돌려 나를 쳐다보자 온몸에서 열이 치솟는 게 느껴졌다. 존스와 싸우고 싶지 않았다. 하지만 선택의 여지가 없다고 생각했다. 여기서 물러서면 다른 애들이 나를 겁쟁이라고 생각할지도 모른다. 싸우지 않더라도 흠씬 두들겨 맞을 가능성이 컸다. 그리고 실제로 잔뜩 맞았다.

이제는 나도 어른이 됐기 때문에 모욕이나 적대감에 굴복하지 않는 게 내 힘을 보여주는 최선의 방법이라는 걸 안다. 다른 사람들이 날 어떻게 생각할지 걱정하다 보면 자기 힘을 포기하게 된다.

어떤 관계든 처음 시작할 때는 어렵다. 그나마 다행인 점은 특별히 더 어려운 관계나 그렇지 않은 관계가 따로 정해져 있지 않다는 것이다. 낯선 상대에 대한 두려움을 극복하고 진심으로 눈을 맞출 때 지금까지와는 다른 완전히 새로운 세계를 경험할 수 있을 것이다.

대통령조차 처음 만나는 사람은 두려워한다

오프라 윈프리는 세상에서 가장 유능한 의사소통 전문가다. 그의 공감하는 눈빛과 누구나 느낄 수 있는 따뜻함이 합쳐지면 마음의 문을 꽁꽁 걸어 닫았던 인터뷰 대상들도 마음이 누그러져서 자신의 가장 내밀한 감정과 인생 이야기를 털어놓는다. 이건 내가 직접 경험한 현상이다.

나는 인생이 여러 가지로 꼬이던 무렵에 윈프리를 우연한 계기로 처음 만났다. 우리는 윈프리가 잠시 묵고 있던 벨에어 호텔에서 만나 같이 아침을 먹기로 했다. 윈프리는 절친한 친구인 유명 저널리스트 겸 텔레비전 앵커 게일 킹Gayle King과 함께 자리에 나왔다.

당시 나는 누군가에게 마음을 터놓기까지 시간이 좀 걸리는 편이었는데 어쩐 일인지 윈프리는 만나자마자 믿음이 갔다. 마치 예전부터 알던 사람 같았다. 그래서인지 정신을 차리고 보니 어느새 지금껏 아무에게도 털어놓지 않았던 감정까지 줄줄이 쏟아내고 있었다.

윈프리는 대화 중 몸을 앞으로 기울인 채 내 눈을 들여다봤다. 그 행동에는 말로 설명할 수 없는 뭔가가 있었다. 대화 중간중간 내가 한 말을 그대로 반복했을 뿐만 아니라 "그 문제와 관련해서 그런 감정을 느끼는 걸 보니 아마 이렇게 생각하고 있는 것 같은데…"와 같은 식으로 내 생각과 감정을 종합해서 명확하게 다시 정리하기도 했다. 윈프리와 인연을 맺었던 순간은 믿을 수 없을 정도로 강렬한 경험이었고 그때의 기분을 살면서 한시도 잊은 적이 없다.

윈프리가 진행하는 〈슈퍼 소울 선데이Super-Soul Sunday〉에서 내 책을 소개해달라는 청을 받았을 때도 비슷한 일이 벌어졌다. 나는 영화나 텔레비전 프로그램을 언론에 홍보하는 데는 익숙했지만 책은 그렇지 않았다. 책에는 내 개인적인 인생 경험이 담겼기 때문에 그와 관련된 이야기를 하는 게 어색하고 불안했다.

인터뷰를 위해 윈프리의 집으로 차를 몰고 가는 동안 불안의 파도가 엄습했다. 목적지에 겨우 도착했다. 밝은 초록색 셔츠를 입은 윈프리가 잔디밭을 가로질러 다가왔다.

신기하게도 윈프리를 발견한 순간 즉시 불안감에 얼어붙었던 신경이 단숨에 녹아내리고 편안하고 안전한 기분을 느꼈다. 나와 눈을 맞추며 밝게 웃는 윈프리의 표정을 보자 꼭 내 초조한 심정을 이해받은 듯한 기분이었다.

이런 경험은 나만 겪은 게 아니다. 2013년, 윈프리는 하버드대학교 졸업식 연설에서 이렇게 말했다.

"이 일을 하면서 인터뷰를 3만 5,000번 넘게 했는데 다들 카메라가 꺼지자마자 날 보고 "괜찮았나요?"라고 묻습니다. 부시 대통령에게도 이 말을 들었습니다. 오바마 대통령에게서도 들었고요. 우리 사회를 지키는 영웅이나 주부, 범죄의 피해자와 가해자에게서도 들었습니다. 심지어 누구보다 당당한 비욘세Beyonce마저도 이 질문을 하더군요. 그들은 모두 그 한 가지를 알고 싶어 해요. 자기가 괜찮게 해냈는가를요."

우리는 눈을 어떤 사람이 믿을 만한 사람인지 아닌지 평가하는 척도로 사용한다. 사람들이 윈프리와 직접 대면할 때 마음을 여는 가장 큰 이유 역시 그가 바라보는 눈빛에서 진심 어린 관심과 걱정을 확인할 수 있기 때문이다. **상대방의 눈빛에서 열린 마음으로 주의를 기울이고 있는 기색을 발견하면 우리도 마음을 열고 솔직한 의견을 나눌 가능성이 커진다.** 상대방이 내 말을 경청해준다고 느끼면 이해와 인정을 받는 기분이 든다. 그리고 그 사람을 좋아하고 신뢰하게 된다.

우리는 자기가 믿는 사람에게 진짜 모습을 드러내는 경향이 있다. 잡담이나 진부한 대화를 초월하는 깊고 의미 있는 유대 관계를 형성하려면 이 지점에 도달해야 한다. 윈프리는 자신의 본모습을 거리낌 없이 드러내며 그와 함께 있으면 다른 사람들도 그렇게 되고 싶어진다. 나는 이런 점에서 윈프리를 엄청나게 존경하며 그렇게 정직하고 진정성 있는 태도로 다른 사람들에게 다가가려고 노력한다.

누군가와 마주할 때 최대한 있는 그대로를 진실하게 드러내지 않으면 함께하는 그 순간을 최대한 활용할 수 없다. 마음을

- "Winfrey's Commencement Address(윈프리의 졸업식 연설)", *The Harvard Gazette*, 2013년 5월 31일, https://news.harvard.edu/gazette/story/2013/05/winfreys-commencement-address/.

꽁꽁 싸맨 채 상대를 겉핥기식으로만 대할 거라면 차라리 그 자리에 나가지 않는 편이 나을지도 모른다. 상대에게 깊은 인상을 주기 위해 진정한 모습을 감추거나 내가 아닌 어떤 존재가 되려고 애쓰는 것은 상대와 진정으로 연결될 기회를 거부하는 것과 같다.

과감하게 다가가 만든 우정

나는 적어도 일주일에 한두 번은 사무실에서 걸어서 몇 분 거리에 있는 비벌리 힐스의 부숑이라는 식당의 야외 테이블에서 점심을 먹는다. 그날도 부숑에서 혼자 전화 회의를 하면서 한적한 식당 테라스를 둘러보는데 반대쪽 끝에 앉아 있는 남자를 발견했다. 그도 나를 힐끗 쳐다보는 게 보였다.

　내 시선을 사로잡은 건 그에게서 뿜어져 나오는 무한한 에너지였다. 옆에 앉은 남자와 대화하는 그의 얼굴에는 열정이 넘쳤고 눈은 생기로 빛났다. 그에게서 흘러나오는 강렬함 때문에 나도 모르게 계속 시선이 갔다. 처음에는 내가 그를 쳐다보고 있다는 것도 몰랐다.

그 남자 옆에 휠체어 같은 게 있다는 것도 1~2분 뒤에야 겨우 알아차렸다. 일반적인 휠체어가 아니라 나무로 튼튼하게 잘 만든 왕좌 같은 의자에 바퀴만 달아놓은 것이었다. 남자의 동료는 그에게 계속해서 물건을 건넸다. 그가 남자의 조수인 게 틀림없다고 생각했다.

내가 통화를 마무리할 즈음 조수가 일어나더니 그를 들어올려 튼튼한 나무 휠체어에 앉혔다. 그때서야 비로소 깨달았다. 그토록 생생한 존재감을 뿜어내며 테라스 전체를 지배하던 그 남자가 실은 목 아래쪽이 전부 마비된 상태였던 것이다.

다소 복잡한 기분이 들었다. 우리는 보통 자기와 두드러지게 다른 부분이 있는 사람을 빤히 쳐다보면 안 되고 시선을 돌리는 게 예의라고 배운다. 그 남자의 몸 상태를 알게 된 순간 나도 그렇게 했다. 시선을 내 무릎으로 천천히 내려서 우리 두 사람의 눈이 처음 마주쳤을 때 형성된 연결을 끊었다. 하지만 잠시 후, 나도 모르게 다시 그를 똑바로 바라보고 있다는 걸 깨달았다. 어쩔 수가 없었다. 이 사람이 누구고 어떤 일을 하는 사람인지 정말 궁금했다.

자리에서 일어나 테라스를 가로질러 그에게 다가갔다. 그는 온화한 표정으로 나를 맞이했다. 내가 다가왔다는 사실에 조금

놀란 것 같기는 했지만 불쾌해하지는 않았다.

"안녕하세요. 여기 잠깐 앉아도 될까요? 내 이름은 브라이언 그레이저입니다. 통화를 하면서 당신을 계속 지켜보고 있었다는 걸 인정해야겠네요. 엄청난 에너지가 뿜어 나오는 것 같아서 눈을 뗄 수가 없었어요. 그러다가 문득… 몸이 마비되셨다는 걸 알아차렸어요."

좀 어색하기는 했지만 개의치 않고 운을 뗐다. 다행히 그는 모욕당했다고 느끼는 것 같지 않았다. 그는 그냥 가만히 나를 쳐다보기만 했다.

"네, 10년 동안 이 상태예요."

"어떤 느낌인가요?"

어떤 상황에서는 내 질문이 눈치 없고 둔감한 질문처럼 보일지도 모른다. 하지만 신기해서 물어본 게 아니었다. 우리는 서로에 대한 호기심을 인정하고 인연을 맺는 순간을 공유했기에 나는 이 남자를 더 잘 알 수 있는 기회를 놓치고 싶지 않았다. 그가 어떤 일을 겪고 있는지 이해하지 못하고 넘어가는 아쉬움이 물어보고 거절당할 위험보다 크게 느껴졌다. 그는 내 눈에 담긴 진심을 본 것 같았다.

그는 모든 걸 알려줬다. 그의 이름은 스티븐이고 사모펀드 일을 했다. 희귀한 중풍에 걸리면서 몸이 마비됐다고 했다.

스티븐은 병으로 인한 다양한 합병증과 어떻게 그걸 감내하면서 사는 법을 배웠는지 이야기했다. 나는 그에게 평소 시간을 어떻게 보내는지, 관심사가 뭔지, 지금 하는 일을 택한 이유는 뭔지 물어봤다. 둘이 함께 앉아서 내가 물으면 그가 대답했다. 또 그가 질문을 하면 나도 성심껏 대답했다. 그는 감정의 폭이 매우 넓었고 자기 처지를 있는 그대로 받아들이고 있는 것처럼 보였다. 그렇게 물 흐르듯 대화가 이어졌다. 우리는 계속 연락하기로 약속했고 지금까지 우정을 지속하고 있다.

에미넴을 마지막으로 붙잡은 것

휴대전화가 보급되기 전 나는 행사장에 일찍 도착하거나 회사 엘리베이터 같은 곳에서 낯선 사람과 단둘이 있게 되면 먼저 말을 걸거나 그들의 존재를 아는 척해야 한다는 강박관념을 느꼈다. 당시에는 그것이 예의라는 사회적 분위기가 있었던 것 같다. 하지만 모두가 스마트폰을 사용하는 요즘에는 어디에서든 SNS나 새로운 메일이 쌓인 편지함을 훑어보면서 시간을 보낸다. 따라서 다른 사람의 눈을 바라볼 여유가 없을 뿐만 아니라 그가 나에게 보내는 시선을 알아채지 못하기도 한다. 대화를 어떻게 시작해야 하는지 혹은 상대방이 나와 대화를 나누고 싶어 하는 지조차 잘 모르는 경우가 허다하다.

다른 사람의 시선을 정면으로 받아내는 것이 어색하거나 당황스러울 수도 있다. 다른 사람에게 진짜 내 모습을 보여주는 것이 항상 쉬운 일은 아니다. 새로운 관계를 맺으려면 용기가 약간 필요하다.

기껏 용기를 내 관심을 건넸지만 아무런 보답을 받지 못할 수도 있다. 우리는 다들 자신 없어 하는 부분이 있다. 그리고 반응을 기대한 상대가 기대를 저버리면 스스로 약점이라고 생각한 부분 때문에 그럴 거라고 여기는 경우가 많다. 외모가 문제인가? 재미가 없어서? 내가 별로 중요한 인물이 아니거나 똑똑하지 못해서?

하지만 대개 그런 이유 때문이 아니다. 우선 진심을 드러내는 내 기술이 서툴렀기 때문일 수 있다. 한 연구에 따르면 사람의 시선을 붙잡아두기에 가장 알맞은 시간은 7~10초 정도라고 한다. 집단에 속해 있는 경우에는 3~5초 정도다.* 그보다 더 오래 응시하면 상대방이 나에게 관심을 잃거나 불쾌함을 느낄 수 있다. 또는 상대를 너무 가까운 거리에서 쳐다보고 있었기 때문일지도 모른다. 내가 발산하는 에너지가 강압적으로 느껴졌거나 뭔가를 원하는 듯한 인상을 줬을 수도 있다.

상대방에게 원인이 있을 수도 있다. 그가 그저 새로운 인간관계를 형성할 기분이 아니었거나 과거의 좋지 못한 경험 때문에 남 앞에서 부드러운 모습을 보이는 걸 불편해할 수도 있다. 왜 상대가 나와 관계를 맺는 걸 주저하는지는 결코 알 수 없다. 중요한 것은 이런 불편함을 이겨내는 것이다.

일례로 〈8마일〉이라는 영화를 처음 만들 당시 내가 아는 거라고는 슬릭 릭Slick Rick, 올 더티 바스타드Ol' Dirty Bastard, RZA, 척 디Chuck D 같은 힙합계의 상징적인 인물 몇 명과 힙합이 1990년대 초반 미국 젊은이들의 삶의 중심에 자리 잡고 있다는 것 정도였다.

그런데 한 번은 〈뉴욕타임스〉 기자와 힙합에 대해 토론을 벌였다. 그는 힙합은 저질 문화 중 하나일 뿐이므로 유행이 오래가지 못할 거라고 주장했다. 그 기자같이 사회에서 일어나고 있는

• Sue Shellenbarger, "Just Look Me in the Eye Already(일단 내 눈을 바라봐요)", *The Wall Street Journal*, 2013년 5월 28일, https://www.wsj.com/articles/SB10001424127887324809804578511290822228174/.

일들과 단절된 당시 기성세대들은 힙합이 얼마나 중요한 문화적 위치를 차지하고 있는지 몰랐다. 그에 대해 존중하는 태도도 보이지 않았다. 나는 그런 그들의 생각을 바꿔놓고 싶었다.

내가 어떤 영화를 제작할 예정인지 들은 닥터 드레와 지미 아이어빈은 에미넴이라는 이름으로 흔히 알려진 마샬 매더스Marshall Mathers를 소개해줬다. 당시 그는 음반을 히트시키긴 했지만 인지도가 뛰어나지는 않았다. 나는 그의 불우한 성장 배경과 독창적이고 획기적인 음악에 마음이 끌렸다. 에미넴의 음악은 세련된 목소리, 그의 또 다른 자아인 슬림 셰이디Slim Shady의 유머와 아이러니, 대중문화 등 독특한 요소들을 조합시킨 결과물이었다. 나는 그게 아주 훌륭하다고 생각했다.

내 사무실에 들어선 에미넴은 즉시 방어적인 자세를 취했다. 그는 눈을 가늘게 뜨고 얼음같이 차가운 눈빛으로 나를 쳐다봤다. 온기라고는 전혀 찾아볼 수 없었다. 그는 사무실 소파에 앉아 있던 30분 내내 어떻게든 나를 쳐다보지 않으려고 혹은 어떤 식으로든 나와 관계를 맺지 않으려고 최선을 다했다.

함께 있는 사람이 당신의 관심을 잠시도 받아들이려고 하지 않는 상황을 한 번쯤 겪어봤을 것이다. 지금 와서 생각해보면 에미넴이 내게 개인적으로 반감이 있어서 그랬던 건 아니었다. 그는 수줍음이 많은 사회적 내향인social introvert인데 얄궂게도 재능이 뛰어난 예술가 중에는 이런 사람이 많다.

시간은 고통스러울 정도로 느리게 흘러갔다. 긍정적인 분위기를 형성하고 에미넴이 경계심을 풀 만큼 안전하다고 느낄 수 있도록 최선을 다했다. 그에게 본심을 보여주고 의도를 명확하게 밝히려고 애썼다. 나는 그 영화를 통해 진정한 힙합을 보여줄 수 있기를 바랐기 때문에 에미넴의 시각에 관심이 많았다. 하지만 그를 대화에 끌어들이려고 아무리 노력해도, 어떤 구체적이고 솔깃한 질문을 던져도 그는 대답하지 않았다. 정말 고통스러운 시간이었다. 마침내 에미넴은 진절머리를 내며 소파에서 몸을 일으켰다.

"안 할 겁니다."

그를 그냥 보낼 수도 있었다. 아무런 소득도 얻지 못한 채 미팅을 완전히 실패로 끝내는 일이 처음도 아니었다. 하지만 나는 순식간에 결단을 내렸다. 그리고 자리에서 벌떡 일어나 자포자기하는 심정으로 그의 눈을 똑바로 쳐다보며 말을 건넸다.

"이봐요. 당신 살아 있는 사람 맞습니까?You can animate?"

에미넴이 날 바라봤다. 내 화법이 너무 공격적으로 느껴져 역효과를 낼 수도 있었다. 그도 처음에는 화가 난 것처럼 보였다.

놀랍게도 그는 다시 자리에 앉았다. 그는 자신의 출신과 어떻게 래퍼 활동을 시작하게 됐는지 이야기했다. 대화는 거의 한 시간 동안 계속됐고 그날 그가 해준 이야기가 〈8마일〉의 기본 뼈대가 됐다.

알고 보니 '살아 있다animate'라는 단어는 삶, 영혼, 정신을 뜻하는 라틴어 '아니마anima'에서 유래된 말이었다. 그날 나는 에미넴에게 어떤 말이든 던질 수 있었지만 본능적으로 내가 그의 영혼과 접촉하길 기대하며 그 단어를 선택한 것이다. 그리고 그 말이 나를 바라보게 하는 위력을 발휘했다.

에미넴과 나는 함께 〈8마일〉을 만들었고 그는 결국 아카데미 시상식에서 최우수 작곡상을 수상했다. 삽입곡인 〈루즈 유어셀프Lose Yourself〉는 아카데미상을 수상한 최초의 힙합 곡이다. 힙합에 대한 사랑도 시간이 지날수록 더 깊어졌다. 〈8마일〉의 성공 이후 나는 전기 드라마 〈우탱: 아메리칸 사가Wu-Tang: An American Saga〉, 제이지Jay-Z가 출연한 다큐멘터리 〈메이드 인 아메리카Made in America〉 등 다양한 콘텐츠를 만들었다. 힙합은 현재 세계에서 가장 인기 있는 음악 장르로 스포츠와 기술 분야부터 미디어와 패션에 이르기까지 문화 전반에 걸쳐 큰 영향을 미치고 있다. 마침내 힙합이 우리 시대의 지배적인 문화라는 사실에

이의를 제기하는 이들이 사라진 것이다.

누군가와 바로 관계를 맺을 수 있는 확실한 처방 같은 건 없다. 때로는 인내심이 필요하다. 내가 에미넴에게 했던 것처럼 과감히 벽을 무너뜨리고 무슨 일이 일어나는지 지켜봐야 할 때도 있다. 물론 그러다 일을 망칠 수도 있다. 하지만 아무 인연도 맺지 못한 채로 끝나는 것이 더 나쁘다. 에미넴은 첫 만남에서 내게 완전히 마음을 터놓지 않았다. 하지만 적어도 기꺼이 이야기를 나누긴 했다. 그리고 그렇게 서서히 더 깊은 관계를 맺기 위한 토대를 마련했다.

안전지대에서는
새로운 인연이 시작되지 않는다

몇 년 전 여름 가족 휴가에서 배를 탔다. 마침 아버지의 날과 겹쳐서 아이들이 날 위한 건배사를 준비했다. 건배사의 주제를 정하는 걸 좋아하는 베로니카가 아버지가 가르쳐준 것들 가운데 가장 기억나는 내용을 말해보라고 했다.

서른한 살이 된 딸 세이지는 내가 자신의 안전지대를 깨고 나오는 것의 중요성에 대해 이야기했던 때를 떠올렸다. 세이지는 이 말 덕분에 4년간 몸담았던 사진 분야에서의 경력을 포기하고 심리치료사가 되겠다는 꿈에 도전할 용기를 낼 수 있었다고 말했다(지금 세이지는 심리치료사다). 이 이야기를 듣자 눈물이 났다. 나는 안전지대에서 벗어나야만 우리 인생에서 가장 기억에 남는 순간들이 생긴다고 진심으로 믿는다.

몇 년 전, 나에게 미얀마 여행을 권했던 친구 톰 프레스턴Tom Preston이 갑자기 가수 데이브 매튜스Dave Matthews, 밴드 피시Phish의 보컬 겸 기타리스트인 트레이 아나스타시오Trey Anastasio와 함께 세네갈로 같이 여행을 가자고 초대했다. 그들이 이 여행을 가게 된 이유는 두 가지였다. 하나는 70년대에 세네갈 음악계를 주름잡았던 오케스트라 바오밥Orchestra Baobab의 재결합 콘서트와 80년대에 전 세계 청중들의 주목을 받으면서 아프리카의 영웅이 된 뛰어난 음악가이자 여행가인 바바 말Baaba Maal의 비공개 콘서트 때문이었다.

틀림없이 아주 신나는 모험이 될 터였지만 동행하기로 결정하기가 쉽지 않았다. 시간이 촉박해 주변에 미리 알릴 틈도 없이 그 주 일정을 모두 비워야만 했다. 또 지구 반대편까지 온종일 날아가서 프레스턴을 제외하고 만나본 적도 없는 한 무리의 남자들과 계속 함께 시간을 보내야 했다.

그럴듯한 이유를 대고 쉽게 거절할 수도 있었을 테지만 나는 결국 그러지 않았다. 그 나라와 문화, 그곳 사람들, 함께 가는 사람들, 재능 있는 음악가들이 궁금했다. 안전지대를 한참 벗어나는 일이었지만 그럴 만한 가치가 있을 거라고 생각했다. 그리고 세네갈에서 나는 인생에서 손꼽힐 정도로 매혹적인 음악적 경험을 두 번이나 겪었다.

다카르에 도착하자마자 우리는 재빨리 호텔에 가방을 두고 시내로 향했다. 다들 이 이국적이고 매혹적인 장소를 얼른 느끼고 싶어서 잔뜩 흥분하고 있었다. 우선 아프리카 가면과 조각부터 지역에서 생산한 직물과 이국적인 과일에 이르기까지 상상할 수 있는 모든 걸 파는 노점들로 가득한 산다가 시장에 방문했다. 거기서 '아크라'라는 인기 있는 길거리 음식을 먹어보라고 설득하는 현지인과 이야기를 나누기도 했다.

다음 날 아침에는 '락 로즈'라고도 부르는 레트바 호수에 갔다. 그곳에서 우연히 마을 아이들을 만나 아이들의 아버지가 소금을 채취하는 해변을 구경할 수 있었다. 그리고 그날 저녁 고대하던 콘서트에 참석했다.

당시 바바 말은 세네갈 귀족을 위한 공연을 열었는데 우리는

운 좋게도 그의 손님으로 초대를 받았다. 약 75명 정도 되는 관중들과 함께 바닥에 앉아 화려한 세네갈 의상을 입은 여성 가수 세 명이 등장하는 모습을 지켜봤다.

마침내 근사한 붉은색 옷을 차려입은 바바 말이 극적인 효과와 함께 등장했다. 바바 말은 관중을 몇 번이고 열광하게 했다. 장장 세 시간 동안 활기찬 에너지를 발산한 멋진 공연으로 완벽한 행복을 느꼈다.

콘서트가 꼭두새벽에 끝나고 우리는 갓 도축한 염소고기를 먹으러 밖으로 나갔다. 세네갈의 전통 문화를 체험하기 위한 일환이었다. 그리고 놀랍게도 그 자리에서 바바 말을 만났다.

바바 말은 공연에서처럼 카리스마가 넘치는 생기 가득한 사람이었다. 하지만 자신의 출신지 이야기를 할 때는 침착하고 사려 깊은 모습을 보였다. 그는 주움이라는 시골 마을의 강가에서 반유목민인 풀라니족의 일원으로 자랐다.* 또한 말은 음악가로 평생을 이리저리 돌아다니면서 일한 뒤 집에 돌아온 느낌은 무엇과도 견줄 수가 없다고 했다. 그는 음악을 통해 변하지 않는

---

* Kevin E. G. Perry, "Where the Magic Happens: Baaba Maal Interviewed(마법이 일어나는 곳: 바바 말 인터뷰)", *The Quietus*, 2016년 1월 19일, https://thequietus.com/articles/19559-baaba-maal-interview/.

자기 자신의 존재를 깨달은 동시에 새로운 인연과 경험을 그의 일부로 만들었다. 나는 그 말에 확실히 공감할 수 있었다.

다음 날 저녁에는 오케스트라 바오밥의 재결합 콘서트를 보러 갔다. 콘서트는 우리 호텔에서 차로 한 시간 이상 가야 하는 다카르 외곽의 한 지역 행사장에서 열렸다. 주변이 너무 어두워서 마치 한밤중 같았다. 콘서트장은 덥고 사람들로 붐볐으며 다들 옹기종기 몸을 맞대고 서 있었다.

나는 아프로-쿠반 리듬과 아프리카 전통 음악을 결합시킨 이 놀라운 음악을 연주하는 이들이 누구인지 자세히 보기 위해 관객들을 헤치고 무대 쪽으로 걸어갔다. 밴드가 귀청이 터질 듯 크게 연주했고 그 리듬에 따라 모든 사람이 일제히 몸을 흔들었다. 나 역시 콘서트장에 흐르는 음악 외에는 무엇에도 신경 쓰지 않고 그 순간에 완전히 몰입했다. 이렇게 이국적인 장소에서 낯선 사람들과 같은 감정을 공유할 수 있다니 초현실적인 느낌마저 들었다.

자신의 안전지대를 벗어나면 인생에서 가장 아름다운 인연을 갑자기 만날 수 있다. 나도 지금까지 살면서 사람들과 인연을 맺으려고 여러모로 시도하지 않았다면 내적, 외적으로 엄청난 보상을 받을 행운을 많이 놓쳤을 것이다. 최대한 자주 안전지대를 벗어나면 다른 사람의 눈을 통해 세상을 보고 배우고 성장할 기회를 얻을 수 있다.

안전지대 밖으로 나온다는 것은 곧 위험을 무릅쓴다는 뜻이다. 때로는 어떤 이유로 인해 도전에 대한 대가를 받지 못할 때도 있지만 내 경험상 이득인 경우가 더 많았다. 자신의 안전지대를 기꺼이 박차고 나올 때 진짜 인연이 시작된다.

CHAPTER 13

그 관계가
어떻게 돌아올지는
아무도 모른다

"

우리가 추구하는 것은
살아 있음을 느낄 수 있는 생생한 경험이다.

"

_ 브조지프 캠벨Joseph Campbel

우리는 인간이다. 우리에게는 감정이 있다. 우리 모두에게는 서로 공유할 것이 있다. 우리는 서로 연결되도록 만들어졌다. 타인과의 소통은 지구에서 보내는 짧고 달콤한 시간 동안 성장하고 발견하고 기뻐하고 의미를 찾게 만들어주는 원동력이다.

다른 사람과 연결되고 싶다고? 방법은 간단하다. 머리와 가슴을 열고 우리와 함께 서 있는 사람들을 직접 마주 보기만 하면 된다. 그 관계가 찰나로 끝나든 평생 지속되든, 쉽든 어렵든 항상 그런 관계를 통해 더 좋은 사람이 될 수 있다.

이렇게 한 번 연결된 관계는 쉽게 끊어지지 않는다. 사람을 만날 때는 항상 그 관계가 어떻게 내 인생에 다시 돌아올지 모른다는 사실을 기억해야 한다. 한 사람의 눈을 바라보고 그와 소통하는 사소한 행동이 때로 인생의 커다란 전환점이 되기도 한다.

꺼진 관계도 다시 보자

나는 스파이크 리Spike Lee가 감독한 영화의 오랜 팬이다. 〈똑바로 살아라〉를 본 뒤부터 그의 작품에 공감했다. 그 영화에 담긴 이 야기, 정치적이고 진보적인 메시지, 굉장히 눈에 띄고 독창적인 색채를 사용한 시각효과에 감동했다. 당장이라도 그와 함께 일 하고 싶었다. 하지만 실제로 우리가 함께 영화를 제작하기까지 는 첫 만남부터 17년이나 걸렸다.

리와 나는 1990년도 오스카상 후보 오찬회에서 처음 만났다. 당시는 우리 둘 다 경력을 쌓기 시작한 지 얼마 안 됐을 때였지 만 두 사람 모두 오스카 각본상 후보에 오른 경험이 있었다. 나 는 1984년에 〈스플래쉬〉로 리는 〈똑바로 살아라〉로 후보가 된 것이다.

그때 나는 그의 작품을 보고 얼마나 큰 감동을 받았는지 그에 게 이야기했다. 그도 내 작품을 좋아한다고 해줬기에 우리는 함 께 일하고 싶어졌다. 하지만 우리에게 공통으로 맞는 주제를 찾 을 수가 없었다. 리는 힙합의 기원을 찾는 영화를 만들고 싶어했 는데 당시 내게는 그에 적합한 이야기가 없었다. 그렇게 세월이 흘렀다.

리를 만난 후 10년 동안 그가 할리우드에서 진행하는 프로젝 트가 가끔 마찰을 일으키면서 끝난다는 사실을 눈치챘다. 위대 한 예술가들은 천성적으로 일반적인 관행을 따르지 않는 경향이 있어 흔한 사례였지만 나는 일이 불쾌하게 끝나는 걸 좋아하지 않았다.

사실 나는 이 일을 처음 시작할 때부터 나만의 규칙을 정해뒀다. 영화를 제작할 때는 항상 감독, 스타, 제작자, 작가 등 네다섯 개의 팀이 같이 움직이는데 그중 한 명에게서라도 좋지 못한 결과가 나올지도 모른다는 결론이 나오면 그와 일하는 것을 다시 생각해본다. 따라서 나는 리와 일하는 것을 고민하게 됐다.

그러다 리가 관심 있어 하는 듯한 프로젝트를 몇 개 맡게 됐다. 그중 하나가 〈아메리칸 갱스터〉였다. 그는 내 사무실 소파에 앉아서 영화에 대한 자신의 비전을 설명했다. 그 아이디어는 예상대로 사려 깊고 정확했지만 내가 마음속에 그려둔 제작 방식과 맞지 않았다.

"함께 할 수 있는 일을 계속 찾아봅시다."

나는 그렇게 말하고 늘 하는 상투적인 말을 주고받으면서 리를 사무실에서 데리고 나갔다. 엘리베이터가 도착하자 리가 자기 엉덩이 쪽에서 대본을 하나 꺼냈다(지금도 나는 그 대본이 어디서 나는 건지 모르겠다).

"그레이저, 이건 정말 대단한 대본이에요. 당신과 꼭 함께하고 싶어요."

영화 〈인사이드 맨〉의 대본이었다. 내가 뭐라 대답하기도 전에 리가 내 손을 잡았다. 그를 알고 지낸 지는 꽤 오랜 시간이 흘렀지만 그날 처음으로 리는 인내심이 강하고 매우 성실하며 투명한 시선으로 내 눈을 똑바로 바라봤다.

"내가 장담하는데, 이 관계는 좋게 시작해서 멋지게 끝날 겁니다. 그리고 당신에게도 환상적인 경험이 될 거예요."

그때까지 나는 리와 일하는 걸 망설이는 이유를 입밖으로 꺼낸 적이 없었다. 그런데 그 순간 그가 어떻게 내 마음을 읽는 것 같은 말을 할 수 있었던 걸까? 돌고 돌아 마침내 그와 생각이 통한 기분이었다.

우리는 〈인사이드 맨〉을 만들 다른 감독을 이미 고용한 상태였다. 하지만 리의 말을 듣자 조금 전까지 불가능하다고 생각했던 것들이 머릿속에서 싹 사라졌다. 나는 그의 눈빛에서 가능성을 느꼈고 즉흥적인 상황을 열린 마음으로 받아들인다는 삶의 원칙에 따라 그의 제안을 받아들였다. 그리고 리가 감독한 〈인사이드 맨〉은 전 세계에 흥행 돌풍을 일으켰다.

해리슨 포드와의 기묘한 인연

오래 전 나는 페퍼다인 대학교 인근의 주거 지역인 말리부 콜로
니에 살았던 적이 있다. 시내에 있는 집을 수리하는 동안 임시로
거주하는 곳이었다. 그 집은 사유지 도로가 공공 해변과 만나는
맨 끝부분에 있었다.

평소에는 해변이 심하게 붐비기 때문에 나는 아침 일찍 일어나
테라스에서 커피를 마시면서 해변이 사람들로 가득 차기 전에
경치를 즐기는 습관이 있었다. 당연히 그 시간에도 산책하는 사
람이나 서퍼가 몇 명 있기는 했지만 대체로 매우 조용했다.

그러던 어느 날 아침 테라스에 나가보니 주변에 사람이 나밖
에 없었다. 해변도 텅 비어 있는 듯했다. 커피를 홀짝홀짝 마시
면서 바닷가를 물끄러미 내려다보는데 문득 뭔가 눈에 들어왔
다. 해변 저 멀리 바다 가까운 쪽, 썰물이 밀려와 고이는 웅덩이
가 있는 부근에 한 여성이 옆으로 누워 있었다.

정말 기묘한 광경이었다. 내 눈에 보이는 게 사람이라는 걸 깨
닫기까지 잠시 시간이 걸렸다. 그리고 그 사람이 곤경에 처한 것
같다는 사실을 깨닫기까지 또 얼마간의 시간이 걸렸다. 그의 몸
에서는 아무 움직임도 감지할 수 없었다.

나는 그쪽을 향해 질주하기 시작했다. 거기까지 가는 데만 1~2분 이상 걸렸다. 가까이 다가가자 쓰러진 사람 옆에 어린 소녀 두 명이 서 있는 게 보였다. 겁먹은 얼굴이었다. 그걸 보고 내가 도와주려고 달려온 사람이 어른이 아니라 10대 소녀라는 걸 깨달았다. 소녀의 몸은 부들부들 떨리고 팔도 마구 흔들리고 있었다. 발작을 일으킨 모양이었다.

나는 소녀 옆에 엎드렸다. 바닷물이 그가 누워 있는 자리를 핥고 있었다. 소녀는 얼굴을 물속에 담근 채 팔을 퍼덕였다. 나는 그를 끌고 간신히 마른 모래 위로 옮겼다. 정식으로 의학 교육을 받은 적 없고 전문 응급구조사도 아니었지만 고등학교 때 같은 반 친구가 식당에서 뇌전증 발작을 일으켰던 게 떠올랐다. 기도를 막을 수 있는 이물질을 제거해야 한다는 사실을 떠올렸다. 소녀의 입안에 있던 껌을 꺼냈다.

소녀는 의식이 거의 없었다. 몸이 차고 움직이지도 않았다. 그때까지 반쯤 감고 있던 눈이 갑자기 번쩍 떠지더니 생동감이나 활력이 전혀 없는 멍한 눈빛이 드러났다. 아주 짧은 순간 소녀와 눈이 마주쳤다. 그 눈빛을 본 순간 나는 소녀가 죽을 거라고 확신했다. 소녀의 눈이 다시 스르르 감겼다.

필사적으로 해변을 훑어보면서 도움을 요청할 사람을 찾았다. 압도적인 슬픔이 내 몸을 관통하는 게 느껴졌다. 무력감이 덮쳐왔다. 나는 소녀와 연결될 수 없었다. 그가 죽어가는 걸 느낄 수 있었다.

그때 어떤 여성이 다급히 외치는 소리가 들렸다.

"조지아!"

어깨 너머로 돌아보니 한 여자가 소녀의 이름을 외치며 우리 쪽으로 달려오고 있었다.

"조지아!"

다가오는 그의 얼굴을 보고 내가 아는 사람이라는 걸 깨달았다. 지금은 고인이 된 〈E.T.〉의 시나리오 작가 멜리사 매티슨Melissa Mathison이었다. 매티슨은 해리슨 포드Harrison Ford의 아내이자 소녀의 어머니였다. 나는 사람들에게 도움을 요청하고 구급대에 전화하라고 외쳤다.

구급대가 도착할 때까지 나는 그곳에 계속 머물면서 소녀 옆에 무릎을 꿇고 앉아 의식이 가물가물한 그의 얼굴을 살폈다. 나는 그 불안정한 순간에 깊이 몰두해 있었다. 다음에 일어날 일들은 내 통제 범위에서 벗어나 있었다. 그리고 그런 근원적인 불확실성이 삶의 핵심을 알려주는 것 같았다. 소녀가 살아날 수 있을까? 누가 알겠는가?

그 경험에서 여전히 잊을 수 없는 부분은 내가 느꼈던 연결고리, 소녀의 인간적인 부분뿐만 아니라 그의 운명과도 얽혀 있는 듯했던 연결고리였다. 소녀는 헬리콥터를 타고 UCLA 메디컬 센터로 옮겨졌고 다행히 건강을 회복했다.

약 5년 정도 뒤, 뉴욕에 갈 때면 항상 묵는 머서 호텔의 로비를 걷다가 해리슨 포드가 소파에 앉아 있는 걸 봤다. 해변에서의 사건 당시에는 그와 개인적인 친분 없이 그냥 배우로서만 알고 있었다.

당시 나는 1999년에 매사추세츠주에서 소방관 여섯 명이 사망한 잔혹한 화재 사건에 관한 영화를 만들려고 했다. 포드는 그 영화에 출연하기로 돼 있었지만 아쉽게도 영화가 제작되지는 못했다.

포드는 아주 강인한 남자로 약간 무뚝뚝하면서도 매우 진실한 사람이다. 그는 해변에서 벌어진 일을 듣고 바로 내게 감사 전화를 걸었다. 사실 오랫동안 나는 가족 이외의 다른 사람에게는 그 일을 이야기한 적이 없다. 그건 마치 다른 세계에서 벌어진 일 같았다.

여러 생각에 잠겨 있는데 포드가 날 불렀다. 20대 초반의 젊은 여자와 함께 앉아 있던 그는 손을 흔들면서 내게 그쪽으로 오라고 했다.

"여기 와서 우리하고 술이나 한잔 합시다."

나는 그들과 합류했다. 마침 패션 위크가 열리던 때라 바가 혼잡해서 우리 세 사람은 사람들이 잔뜩 들어찬 그곳에 옹기종기 모여 앉았다. 포드가 나에게 물었다.

"이 아이가 누군지 알아보시겠어요? 내 딸 조지아입니다."

물론 나는 그를 알아봤다. 그도 나를 알아봤다. 기민하고 생기 넘치는 조지아의 모습을 보자 안심이 됐다.

그날 우리는 함께 앉아 와인을 마셨다. 말로 표현할 수 없는 관계의 연결고리를 느꼈다. 우리의 인간적인 면모와 형언할 수 없는 경험을 공유한 기분이었다. 인간관계는 예상치 못한 순간에 찾아오며 한 번 맺은 관계의 연결고리는 새로운 모습으로 우리를 찾아온다.

PART 3
인생을 바꾸는 인간관계의 힘

새로운 인연은 새로운 세상을 열어준다

• 새로운 관계는 모두 두렵다. 대통령조차 처음 만나는 사람은 두려워한다. 하지만 두려움을 극복하고 과감하게 상대에게 다가가면 지금껏 경험하지 못했던 완전히 새로운 세계가 열릴 것이다.

• 사람들은 모두 자기만의 생각과 패턴에 갇혀 있다. 하지만 다른 사람들이 바라보는 세상이 얼마나 다른지 계속 상기하면 삶을 바라보는 시각을 넓힐 수 있다.

새로운 관계를 맺고 싶다면 두려움을 극복하라

• 처음 사람을 만날 때 가장 중요한 것은 있는 그대로를 진실하게 드러내는 것이다. 잡담이나 진부한 대화를 초월해 새로운 인간관계를 맺고 싶다면 자신의 본모습을 거리낌 없이 보여줄 각오가 돼

있어야 한다. 나를 포장하기보다는 소탈하게 상대에게 다가가자.

- 늘 있는 장소, 늘 같은 상황에서는 아무 일도 일어나지 않는다. '무례해 보이지 않을까', '위험하지 않을까' 하는 걱정을 버리고 과감하게 모험하고 도전하자. 지금까지 경험해보지 못했던 새로운 인간관계를 형성할 수 있을 것이다.

인연은 언제나 다시 돌아온다

- 한 번 연결된 관계는 쉽게 끊어지지 않는다. 사람을 만날 때는 항상 그 관계가 어떻게 내 인생에 다시 돌아올지 모른다는 사실을 기억하자.
- 설령 지금 잘 이어지지 않은 관계더라도 나중에 좋은 결과를 낳을 수 있다. 과거에 이야기가 잘 되지 않았다고 해서 관계를 끊어버리지 말자.

감사의 글

세이지, 라일리, 패트릭, 토마스, 너희가 자기 내면이나 바깥세상에서 의미 있는 관계를 맺고 성취감을 느낄 수 있는 자기만의 방법을 개발할 때 이 책에 담긴 이야기와 내가 살면서 얻은 교훈들이 도움이 되기를 바란다.

이 책은 많은 친구와 동료들의 현명하고 독창적인 조언 덕분에 진화했다. 말콤 글래드웰, 브라이언 루드, 애덤 그랜트, 마이클 로젠버그, 리사 거트너, 줄리 오, 타라 폴라섹, 사이먼 사이넥, 윌 로젠펠트, 스테파니 프레리히를 비롯해 책을 쓰는 내내 조언해준 모든 분들에게 감사한다. 특히 무거운 짐을 함께 나눠 져준 친구 제나 압두와 사만다 비노그라드에게 고맙다. 두 사람이 내

비전을 이해해준 덕에 더 좋은 책이 탄생했다. 사이먼이 토스카나에서 이야기한 그대로의 슈퍼스타인 젠 할람에게도 감사 인사를 전한다.

거의 매주 주말마다 친한 친구와 만나서 서로 마주 앉아 커피를 마신다. 밥 아이거의 무한한 우정에 감사한다.

사이먼 앤 슈스터의 사장이자 출판인인 존 카프는 눈을 맞추면서 생겨나는 개인적인 관계를 이야기하는 이 책의 아이디어를 처음부터 마음에 들어했다. 그의 인내심과 격려에 감사한다.

너그럽게도 이 책을 위해 〈페이스 투 페이스Face to Face〉라는 작품을 만들어준 유명한 예술가 마크 브래드포드에게 깊이 감사한다. 나는 언제나 그의 이야기에 깊은 감동을 받아왔다. 크렌쇼에 있는 어머니의 미용실에서 일하며 생계를 꾸리던 그는 40대가 될 때까지 미술 공부를 할 돈도 없었고 예술가가 될 기회도 얻지 못했다. 그렇게 늦은 나이에 시작한 예술가가 그와 같은 수준의 업적을 이룬다는 것은 매우 어렵고 드문 일이다. 그는 우리 세계의 독창적인 목소리고 앞으로도 계속 그럴 것이다.

미미한 아이디어만 존재하던 이 책이 형태를 갖추도록 도와준 소설가이자 시나리오 작가인 매튜 스펙터에게 감사한다. 종종 우리 집 뒷베란다에 푸짐한 아침식사를 차려놓고 함께 먹으면서 그에게 내 이야기를 들려주곤 했다.

나는 영화와 텔레비전 프로듀서로 일하면서 날마다 중요한 결정을 내린다. 그런 결정을 내리면서 속으로 '이 정도면 됐지 뭐'라고 생각한다면 그건 대부분 형편없는 결정이라는 뜻이다. 이 책 작업을 하면서 출판사에 원고를 보내고 책이 아마존에 등록되자 나는 이제 다 됐다고 생각했다. 하지만 마감 날, 놀랍도록 솔직한 내 아내 베로니카가 나를 한쪽으로 부르더니 그 책이 그럭저럭 괜찮은 수준이라고 말했다. 무슨 이야긴지 즉시 알아들었다. 그는 내가 다시 일에 뛰어들어 여분의 시간을 할애해서 더 좋은 책을 만들도록 자극한 촉매제이자 생각 파트너다. 가차 없이 나를 밀어붙여준 베로니카에게 영원히 감사한다.

날마다 베로니카는 나와 아이들에게 말을 통해서가 아니라 시간을 들여 사람을 만나고 그들의 말을 듣고 그들이 중요한 사람이라고 느끼게 해줘야만 진정한 인간관계를 맺을 수 있다고 가르쳐준다. 그는 내 축복이자 이 책과 내 삶의 진정한 협력자다. 베로니카와 함께하게 해주신 신께 감사드린다.

참고 문헌

논문 및 도서

- Adrian Ward, Kristen Duke, Ayelet Gneezy, Maarten Bos, "Brain Drain: The Mere Presence of One's Own Smartphone Reduces Available Cognitive Capacity(두뇌 유출: 스마트폰이 근처에 있기만 해도 이용 가능한 인지 능력 감소)", Journal of the Association for Consumer Research, 2호, 2017년 4월

- Geri-Ann Galanti, 《Caring for Patients from Different Cultures》(다양한 문화권 출신의 환자 돌보기)

- Robert T. Moran, Philip R. Harris, Sarah V. Moran, Managing Cultural Differences: Global Leadership Strategies for the 21st Century(문화적 차이 관리: 21세기를 위한 글로벌 리더십 전략), (Butterworth-Heinemann), 2007

- 스티븐 코비, 《The Seven Habits of Highly Effective People》(성공하는 사람들의 7가지 습관)

기사 및 인터뷰, 강연

- "A Standard of Masonic Conduct(프리메이슨의 행동 기준)", Short Talk Bulletin, 7, 12호 (1929년 12월), http://www.masonicworld.com/education/files/artfeb02/standard%20of%20masonic%20conduct.htm.), https://www.journals.uchicago.edu/doi/10.1086/691462.

- "An Epidemic of Loneliness(급속히 확산 중인 고독)", The Week, 2019년 1월 6일, https:// theweek.com/articles/815518/epidemic-loneliness/

- "Can Relationships Boost Longevity and Well-Being?(인간관계가 수명을 늘리고 행복감을 높일 수 있을까?)" Harvard Health Publishing, Harvard Medical School, 2017년 6월호, https://www.health.harvard.edu/mental-health/can-relationships-boost-longevity-and-well-being/

- Adam Gopnik, "Can Science Explain Why We Tell Stories?(우리가 이야기를 하는 이유를 과학적으로 설명할 수 있을까?)" The New Yorker, 2012년 5월 18일, https://www. newyorker.com/books/page-turner/can-science-explain-why-we-tell-stories/.

- Jill O'Rourke, "For Riz Ahmed, There's a Difference Between 'Diversity' And 'Representation' In Media(리즈 아메드의 경우, 미디어의 '다양성'과 '표현' 사이에는 차이가 존재한다)", A Plus, 2018년 10월 10일, https://articles.aplus.com/film-forward/riz-ahmed-trevor-noah-diversity-representation/.

- 사이먼 사이넥, "How Great Leaders Inspire Action(훌륭한 리더는 어떻게 행동을 이끌어내는가)", TEDx Puget Sound, 2009년 9월, https://www.ted.com/talks/simon_sinek_how_great_leaders_inspire_action?language=en/.

- Mo Rocca, "Inside the Secret World of the Freemasons(프리메이슨의 비밀스러운 세계의 내부)", CBS News, 2013년 12월 8일, https://www.cbsnews.com/news/inside-the-secret-world-of-the-freemasons/.

- Martin Stezano, "One Man Exposed the Secrets of the Freemasons. His Disappearance Led to Their Downfall(한 남자가 프리메이슨의 비밀을 폭로했다. 그의 실종이 몰락의 원인이 되었다)", 2019년 1월 24일, https://www.history.com/news/freemason-secrets-revealed/.

- Flora Carr, "Rapping for Freedom(자유를 위한 랩)," Time, 2018년 5월 17일, https://time.com/collection-post/5277970/sonita-alizadeh-next-generation-leaders.

- Steven Kotler, "Social Flow: 9 Social Triggers for Entering Flow(사회적 몰입: 몰입 상태에 빠져들기 위한 9가지 사회적 기폭제)", Medium, 2014년 2월 21일, https://medium.com/@kotlersteven/social-flow-b04436fac167.

- "Steven Kotler on Lyme Disease and the Flow State(스티븐 코틀러, 라임병과 몰입 상태에 관해 말하다)", Joe Rogan Experience Podcast 873회, Youtube, 2016년 11월 21일, https://www.youtube.com/watch?v=X_yq-4remO0.

- "The City: U.S. Jury Convicts Heroin Informant(더 시티: 미국 배심원단이 헤로인 밀매 정보원에게 유죄 선고)", New York Times, 1984년 8월 25일.

- Maria Russo, "The Eyes Have It(눈에 답이 있다)", New York Times, 2015년 3월 25일, https://www.nytimes.com/interactive/2015/03/25/books/review/25childrens.html

- Mark Jacobson, "The Return of Superfly(슈퍼플라이의 귀환)", New York Magazine, 2000년 8월 14일, http://nymag.com/nymetro/news/people/features/3649/

- Rahima Nasa, "Timeline: How the Crisis in Venezuela Unfolded(타임라인: 베네수엘라 위기는 어떻게 진행되었나)", PBS Frontline, 2019년 2월 22일, https://www.pbs.org/wgbh/ frontline/article/timeline-how-the-crisis-in-venezuela-unfolded/.

- Ceylan Yeginsu, "U.K. Appoints a Minister for Loneliness(영국, 외로움부 장관 임명)", New York Times, 2018년 1월 17일, https://www.nytimes.com/2018/01/17/world/europe/uk-britain-loneliness.html.

- Ailsa Chang, "What Eye Contact—and Dogs—Can Teach Us About Civility in Politics(눈 맞춤과 개가 가르쳐주는 정치 예절)", NPR, 2015년 5월 8일, https://www.npr.org/sections/ itsallpolitics/2015/05/08/404991505/what-eye-contact-and-dogs-can-teach-us-about-civility-in-politics/.

- Kevin E. G. Perry, "Where the Magic Happens: Baaba Maal

Interviewed(마법이 일어나는 곳: 바바 말 인터뷰)", The Quietus, 2016년 1월 19일, https://thequietus.com/ articles/19559-baaba-maal-interview/.

• Jill Suttie, "Why Curious People Have Better Relationships(호기심 많은 사람들의 대인관계가 더 원만한 이유)", Greater Good, 2017년 5월 31일, https://greatergood.berkeley.edu/ article/item/why_curious_people_have_better_relationships/

• "Winfrey's Commencement Address(윈프리의 졸업식 연설)", The Harvard Gazette, 2013년 5월 31일, https://news.harvard.edu/ gazette/story/2013/05/winfreys-commencement-address/.

옮긴이 박선령

세종대학교 영어영문학과를 졸업하고 MBC방송문화원 영상번역과정을 수료했다. 현재 출판번역 에이전시 베네트랜스에서 전속 번역가로 활동 중이다. 옮긴 책으로는《억만장자 시크릿》,《지금 하지 않으면 언제 하겠는가》,《마흔이 되기 전에》,《타이탄의 도구들》등이 있다.

눈을 맞추자 인생이 달라졌다

1판 1쇄 발행 2020년 05월 20일

지은이 브라이언 그레이저
옮긴이 박선령
발행인 오영진 김진갑
발행처 토네이도

책임편집 진송이
기획편집 이다희 박수진 박은화 허재희
디자인팀 안윤민 김현주
마케팅 박시현 신하은 박준서
경영지원 이혜선

출판등록 2006년 1월 11일 제313-2006-15호
주소 서울시 마포구 월드컵북로5가길 12 서교빌딩 2층
전화 02-332-3310 팩스 02-332-7741
블로그 blog.naver.com/midnightbookstore
페이스북 www.facebook.com/tornadobook

ISBN 979-11-5851-176-0 03190

이 도서의 국립중앙도서관 출판예정도서목록(CIP)은 서지정보유통지원시스템 홈페이지(http://seoji.nl.go.kr)와 국가자료공동목록시스템(http://www.nl.go.kr/kolisnet)에서 이용하실 수 있습니다.
(CIP제어번호: CIP2020014308)